もっと簡単に暮らせ

ちゃくま

大和書房

はじめに

　暮らしを簡単にするにはコツがあります。それは、ゴールをイメージすることです。誰しも「こんな風に暮らしたい」という願望があるはずです。ところが、日々の生活に追われて楽しい、わくわくするはずの暮らしをすっかり忘れてしまうのです。それは暮らしがいつの間にか複雑になっているからです。

　暮らしは本来、シンプルです。そして楽しめるものです。自分が苦手な家事もあれば、時間をかけられない分野もあります。例えば「料理を作るのは好きだけど、食器洗いは苦手」というように。また、「時間をかけて洗濯をしたいけれど、毎日そんなふうにしていられない」というように、それぞれの都合があります。

　そんな時、「得意なことは十分に活かし、苦手なことはできるだけ簡単に済ませる」、というふうにメリハリを効かせられれば、暮らしは楽しめるものになります。けれども、暮らしの要素はたくさんあります。何をどうすればいいのか、わからなくなってしまいがちです。この場合に必要なのは、「自分がどんなふうに暮らしたいか」のイメージです。ところが、しばしば、

「しょせん、現実はこんなもの」と自らあきらめてしまう人が多いようです。どんな現状でも、真正面から向き合い、方法を工夫すれば、確実に「自分の暮らし」に近づいていきます。

暮らしは様々な「部品」の組み合わせです。洋服のコーディネイトを考えたり、家計をやりくりしたり、健康に関する工夫をしたり、限られた時間の中からレジャーを楽しんだり、ネット環境を整えたりといった「暮らしの部品」です。暮らしを簡単にした暁《あかつき》には、自分がもっと力を入れたいことに集中できるようになることでしょう。

私は日々、インターネット上で暮らしに関するブログを発信しています。その中で実感することがあります。それは多くの方が「ちょっとした暮らしのコツ」をもっと知りたがっていることです。一見、見過ごされがちな、ささやかな工夫やコツほど、反響が大きいのです。暮らしに関する情報は家庭の中だけにとどまっています。だからこそ、実は疑問や戸惑いを多くの方が感じているのでしょう。

もっとも、私も最初からスムーズに過ごせていたわけではありません。大音響の目覚まし時計で、毎朝びっくりするように飛び起きたり、毎日の洗い物が億劫《おっくう》になったり、何となくデザインだけで選んでしまった洋服が一度も袖を通さないままだったり、ストックの水の保管スペースの確保に苦労したり、しゃもじの置き場に困り、挙句どこに置いたのかわからなくなったりしていました。

現在でも、ライフスタイルの変化により、新たに改善を試みる必要があることは日々生じます。時には工夫も失敗もして、別の方法に変えることがあります。ですが、家族と自分にぴったりの方法が見つかった時は、喜びと面白さが格別です。

多様化された現代では、親世代の暮らしを丸々参考にすることが叶いません。加えて住宅の機能や仕様、使う道具も違っています。当然、自分が暮らしの先駆者にならざるを得ません。自分流にできるのはよいのですが、そこに暮らしが複雑化していく要素が絡んでしまいます。

ところが「暮らしの秘訣は誰でも知っているもの」という思い込みがあります。かつて暮らしの方法は前例にならえば良かったからです。実際には、自分にとっての「当たり前」と他の人との「当たり前」は違います。もちろん、暮らし全般の基本的な方法は誰でも知っています。一方で、小さな不便は各自が胸の中に閉じ込めたままです。

こうした積み重ねが「めんどうくさい」という一言に凝縮されていきます。一見ネガティヴなこの言葉も、言ってみれば改善の余地があるということです。つまりはチャンスです。いったい何がめんどうくさいのか？　どうすれば、めんどうくささを解消できるのか？　ひとつひとつは小さなことですが、そのまま放置すれば、次第にストレスと化してしまいます。自分でも理由がわからなくて戸惑いを覚えてしまうのです。けれども、そこをチャンスととらえることで暮らしは「もっと楽しいもの」に変貌を遂げます。

この本には、暮らしをもっと簡単にするヒントが記してあります。さらに「結局、何をどうすればいいのか」という結果を重視した視点となっています。今、そうした結論が何より必要なのではないでしょうか。

もっと簡単に暮らせ　目次

第1章 生活をシンプルに

第2章

家事をシンプルに

第3章

日用品をシンプルに

第4章

家計をシンプルに

第5章

買い物をシンプルに

第6章

生き方をシンプルに

第7章

「着る」をシンプルに

第8章

「片付ける」をシンプルに

まとめ

もっと簡単に暮らせ

第1章

生活をシンプルに

001 バッグに入れる小物は明るい色にする

バッグに入れる小物の色は、何にしていますか。私は「赤やピンク」などの目立つ色にしています。

バッグの中は暗い夜道と同じです。夜道で真っ黒い服を着ていれば見えにくいので発見が遅れます。けれども赤やピンクなどの目立つ色にすれば一目で発見できます。もちろん実際は、おとなであれば黒い服を着たくらいで滅多に事故には遭いません。けれども小さい子供には、やはり黄色いカバーをつけるなど目立たせる措置をとりますよね。バッグの中の小物も、まさに「夜道の小さい子供」と同じです。目立つようにすれば発見が早くなります。

以前は黒を中心に小物をそろえていました。その際、カギや財布や携帯電話（当時）がすぐに探し出せないことが何度もありました。ところが明るい色にすれば「探す」手間が減ります。一目で存在がわかるからです。せっかくなので私には珍しい赤、ハッキリしたピンク、シャンパンゴールドなどにしています。たとえば、

・スマホのカバーは赤

・家のカギのキーホルダーは濃いピンク
・財布はシャンパンゴールド
・定期入れはハッキリしたオレンジ

などです。あえて色を「おそろい」にしません。色で何なのかを一目でわかるようにしています。

002 帽子は「風が吹いているつもり」で選ぶ

帽子は風に飛ばされにくい物を選びましょう。お店の中は風が吹いていません。だからつい見た目だけで選びがちです。ショップの店員さんや美容師さんのように、屋内でかぶるなら何を選んでもかまいません。けれども、これを読んでいる方は屋外で使用していますよね。帽子選びが難しいのは、デザインだけでは快適に使えないからです。なかでも「風に飛ばされにくいこと」は最重要です。次に「視界をさえぎらない」ことです。

まず、風に飛ばされやすい帽子とは、誰でも想像が付くと思いますが、第一に「ツバの広い帽子」です。お店で試着するとセレブな雰囲気に酔ってしまいがちですが、我に返りましょう。

次に、ツバのラインに注意します。ツバのラインにウェーブがかかっているものはイライラするのでやめた方が無難です。ウェーブ下の部分が、目を覆《おお》うのです。前がほとんど見にくくなります。もっとも、これは「自分が外部を見にくい」のです。裏を返せば外側から自分の顔が見えにくいということです。これを戦略的に使えば、こんな裏技もあります。自分の顔の「左側が美しい」と思う人は、ツバの垂れ下がりが顔の右にかかるようにします。人は見えない部分を実際より良く想像します。見えている左側が美しければ右も同じように美しいと思ってもらえます。ただし、私のように右も左も美しくない人間にとっては、この垂れ下がるウェーブは邪魔なだけです。特に子育て中に公園へ帽子をかぶっていくつもりの若いお母さんは、子供の姿が見えにくいと危険です。

「風に飛ばされにくい帽子」ですが、私がこれまで数々の失敗を重ねながら遂に到達した帽子の形状はこうです。

・ツバの長さ　6～8㎝前後まで
・素材　メッシュ（編んであるタイプです）
・色　ブラック～ネイビーなど濃い暗めの色
（理由はのちほど）

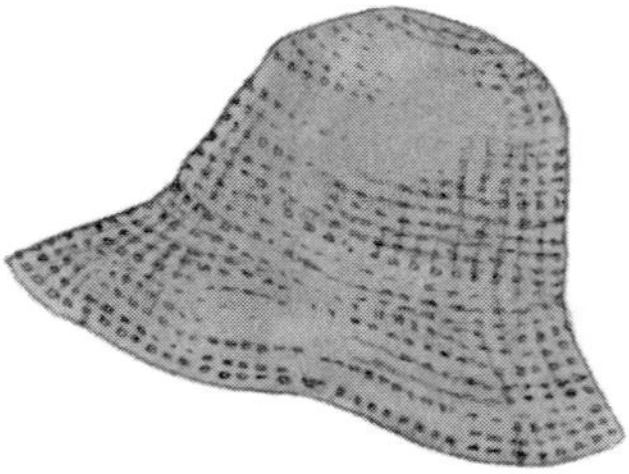

このような物なら、日常の風であれば風に飛ばされません（例外があったらご容赦ください）。まず、全体がメッシュ状なので、間から風が通り抜けます。ただし、いくらメッシュ状でもつばの長さがありすぎると目を覆ってしまいます。さらに風の抵抗を考慮すると、ツバの長さは6～8センチくらいまでがベターです。

暗めの濃い色を選ぶのは理由があります。濃い色の場合、ツバの向こうの景色がメッシュの穴の間から見えるのです。ところが白っぽく明るい色の場合、メッシュの間から向こうの景色は見えにくいのです。

実はこの手の形と色の帽子の条件を満たすものはなかなかありません。数年前にある雑貨店で偶然購入した帽子がそうだったのです。以来、毎年初夏にはそのお店で帽子をチェックしますが、その年によって、微妙にデザインが違います。条件を満たす帽子が見つかる時とそうでない時があります。帽子は必ず試着をしてシーズン初めの購入がお勧めです。

003 黒無地の折りたたみ傘を家族共有にするメリット

慌ただしい朝に傘が壊れていて焦った経験がありませんか。折りたたみ傘はどんなに気を付けても壊れます。この時、隣りに壊れていない傘があっても、夫がピンク色の傘を差して出勤することはできません。そこで我が家では黒の無地を基本にしています。

傘がすべて黒無地であれば、夫はもちろん、息子も使うことができます。自分と家族の傘を区別したり、壊れていないか確認する手間が必要ありません。さらにはビジネス、通勤、通学、冠婚葬祭、男女別、プライベート、いずれも気にせず使えます。

我が家では、ずっと500円くらいで買えるコンパクトサイズの折りたたみ傘をリピート買いしています。どうしても時折風にあおられて壊れます。何度か、他のものを買いましたが、強風の前に強度の差は無力な差でしかありませんでした。

夏になると女性は日傘を差します。今は晴雨兼用傘がほとんどです。ところが、なぜかレースがヒラヒラとついていることが多いのです。レースがついていたら夫と息子に貸すことができません。そこで雨用の黒無地の折りたたみ傘を私が日傘としても使います。長傘はありますが9割以上、折りたたみ傘で間に合っています。長傘が必要な大雨の日は初めから濡れにくい服装をしているはずです。だから傘で防御しなくても間に合うのです。雨が上がれば長傘は邪魔になります。鞄に入れてしまえば置き忘れを気にしなくて済む折りたたみ傘が一番安心です。

004

髪は「プチ湯シャン法」で洗う

私は「プチ湯シャン」で髪を洗っています。その前に、「湯シャン」をご存じでしょうか。これはシャンプーを使わずお湯だけで髪の毛と頭皮を洗う方法です。シャンプーを使わなくても本来汚れは十分落ちると言われています。湯シャンを続ければ次第に健康な頭皮と髪がよみがえるのだそうです。

この方法は多くの方がチャレンジしました。けれども成果が出る前に、においやベタつきに挫折する人が多いようです。私は一度も実践しませんでしたが、話を聞いただけで「シャンプーを使わないなんて無理」と尻込みしました。けれども湯シャンそのものには興味がありました。やはりシャンプーを使いすぎる現代の洗髪は洗いすぎだと思うのです。

そこで始めたのが「プチ」湯シャンです。「湯シャン」は軌道に乗るまでの髪のベタつきや、「においがしないだろうか？」と不安になる欠点があります。ですが「プチ湯シャン」であれば、そのような心配は無用です。本来の「湯シャン」は、お湯だけで髪の毛を洗う方法です。それに対して「プチ湯シャン」はシャンプーを少量ですが使うので、においやベタつきがありません。

洗い方はいたって簡単です。用意する物は、いつも使っているシャンプーとリンスです。それでは洗い方を説明します。

1. はじめに念入りにお湯だけで頭皮と髪を洗う

はじめに、頭皮を洗うつもりで洗います。この時、お湯の温度はいつもより、低くします。頭皮と髪の毛の潤いを奪ってしまうからです。ここで洗い方が不十分ですと、次の段階でシャンプーが通常通り必要になりますから注意してください。

2. いつもより50%~30%くらいシャンプーの量を減らして洗う

次に、いつもよりやや少ない量のシャンプーでいつものようにシャンプーします。私の場合は、「パックスナチュロン」という石鹸成分メインのシャンプーを使っています。通常3プッシュのところを1~2プッシュにします。石鹸成分がメインのシャンプーは、汚れに比例して泡がたちます。汚れに対してシャンプーが足りないと泡が立ちません。一般の合成シャンプーの場合も、同様に泡がたつ程度に量を減らしてみます。

3. いつものようにすすぎ、リンスで完了

プチ湯シャンには次のメリットがあります。

・シャンプーを使うので、においや汚れ落ちを気にせずに済む
・シャンプーの消費量が減る
・髪の毛が傷みにくくなる

湯シャンはシャンプーを一切使いません。極端な選択をするため、「湯シャン」は多くの方が挫折します。そこで極端な選択ではなく、間をとれば良いのです。つまりはシャンプーを使いつつも量は減らす方法です（他には湯の温度を低くします）。それが今回紹介した「プチ湯シャン」です。

元々シャンプーは補佐役のはずが、いつの間にかシャンプーが主役になっています。そこで本来の姿に近づけます。

シャンプーを使い過ぎなければ、頭皮と髪の毛のためにもなり、一石二鳥です。

005 入浴後の湯冷めを防ぐシンプルな方法

入浴直後の大敵は「湯冷め」です。もたもたしていると湯冷めします。真冬は健康を害するリスクもあります。そこでひと工夫。といっても何も道具も面倒な手間も必要ありません。浴

室内で体を拭《ふ》いてしまうのです。すると体が濡れていないので浴室から出ても、あの「ヒヤッ」とする感じが起きにくくなります。場合によってはそのままボディローションを塗ってインナーまで着てしまっても良いでしょう。

「タオルや服が湿気《しけ》るのでは？」については問題ありません。あらかじめ浴室ドアの外すぐそばにタオルと服をスタンバイさせておけばよいのです。ドアは一瞬だけ開けて必要なものを取ります。

「湯上りは脱衣所（洗面所）で体を拭くもの」という思い込みを捨てると、物に頼らない解決策が見つかります。浴室内で体を拭いてしまえば、バスマットが濡れる頻度も少なくなるメリットがあります。

006 書類の記入は定規一本で間違いを予防する

書類提出で注意したいのは「記入漏れ」と「記入箇所間違い」です。これを防ぐ良い方法があります。それには一つだけ道具を使います。定規です。用紙のサイズにもよりますが、Ａ４サイズなら30センチの定規です。定規の汚れは丁寧に拭き取り、あらかじめきれいにしておきます。そして定規を書類にあてながら書く、それだけです。すると定規が今、記入している箇所を示す目印になります。定規をあてることで、

・記入する場所が上下左右にずれるミスを防ぎます
・読み逃し、記入漏れを防ぎます

「定規をあてるくらいで、記入箇所のミスや、記入漏れを防げるの？」と思うかもしれませんが、まずは試してみてください。

記入のほか、書類の内容をチェックしたり、確認したりするときにも活用できます。例えば確定申告のために、収入や経費を確認するとします。ずらっと並んだ項目と数字を照らし合わせるとき、定規をあてるとチェック漏れを予防できます。

また、ちょっと読みにくい本やハードルが高い本を読むときにも定規の出番です。「気が付いたら字面《じづら》だけを追っていた」を防ぐため一行ずつ定規を当てます。すると読み飛ばしがなくなります。

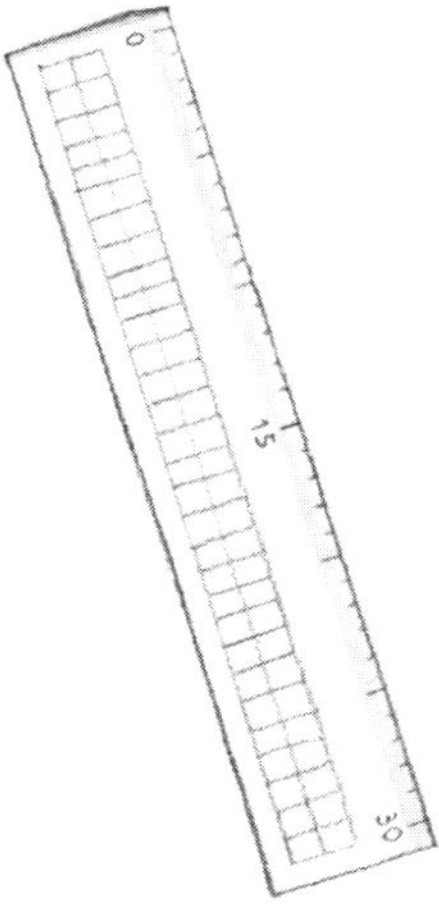

人の認識力は、自分が思うほどあてにできま

せん。「ミスがあって当たり前」の前提で作業するくらいでちょうど良いのです。

007 布団の縁を汚さないで眠る方法

布団の縁汚れを防ぐ方法があります。ただし主に秋冬など寒い季節に有効な方法です。布団の縁カバーが市販されていますが、ちょっとした工夫で縁（顔が当たる箇所付近）の汚れを防止します。

それは、寝る時にマスクをすることです。マスクをすれば、口元と顔の下半分がガードされます。そのため、布団の縁が汚れにくくなります。同時に、風邪予防にもなり一石二鳥です。ただ、「寝る時にマスクをするのは息苦しいから苦手」、と思う方もいるかもしれません。私もそうでした。けれども、最近、使い始めた使い捨てマスクは、呼吸がラクです。マスクはどれも同じではありません。吟味すると呼吸がラクなマスクがあります。そうした自分に合う物を根気よく探すのです。

マスクといえば、ホコリからガードしたり、乾燥から守ったり、という使用法が中心ですが、口元を覆うことで今回のような思いがけない効果もありますね。

008 着映えを確実に良くする方法

季節が変わると服を買いたくなります。でも、服を増やさなくても気分と見た目は変えられます。それは美容院に行くことです。

服を新しく買っても見た目が良くなる保証はありません。けれども髪を整えれば確実にスッキリします。といっても、私は実は美容院に行くのは苦手です。できれば行かずに済ませたい、と考えます。けれども行くまでが億劫であるだけで、行ってしまえば大丈夫なのです。前回、美容院に行ってからひと月半です。「もう少し後でも良さそうかな？」と思いました。けれども「美容院にそろそろ行った方がいいかな？」と思いついたということは、行き時なのです。結果として「行って良かった」と思いました。

髪の毛だけは自分でカットできません。だから行くしかありません。美容院に行くと、頭皮のマッサージのときのヘアトニックとか、整髪料とかツヤ出しとか、驚くほどたくさんのヘアケア製品を使います。その匂いにくらくらするので、いつも断っています。今、行っている美容院は、ヘアケア製品を勧められないのが幸いです。

009

「お出かけ日和ですね」にあおられない

「お出かけ日和ですね」にあおられてはいないでしょうか。休日が晴天になると、テレビからそんなフレーズが流れます。実際には、休日でも自由に「お出かけ」できる人はそう多くありません。第一、多くの人は平日の仕事の疲れで休日は家で過ごさなければ疲労が抜けません。また、普段、滞《とどこお》りがちな細かい家事を休日のうちにこなさなくてはなりません。子持ちの人は、子供の習い事や塾の送迎、弁当作り、などで自由気ままに「お出かけ」できる状態にある人は多くありません。

それでも「明日の土日は晴天なので洗濯日和ですね」と言うよりも、「お出かけ日和ですね」と言った方が「レジャーや買い物に出かけなくては」という気持ちになります。経済効果をねらってそんな一言を添えるのでしょう。ところが、そのフレーズによって「休日に出かけられない我が家は充実した日を過ごしていない」という焦りを感じます。

実際は、各自が自由に過ごして良いのです。そういう意味で、無意味にテレビをつけっぱなしにしていると、知らずに行動が「右に倣《なら》え」になってしまいます。

やっと予定のない日ができたと思ったら、「出かけなくては」という焦りを抱きます。そのために、片付けや掃除などが後回しになります。それでは身体が休まる暇がありません。家を片付ける暇もありません。なかなか家が片付きにくい原因は、「お出かけ日和」にあおられていることも原因です。疲労が抜けずイライラしたまま月曜日を迎えます。同様の人が多数なのですから、知らずギスギスした人間関係も生じやすいのです。

どんなに気持ちが前向きであろうと思っても、身体的疲労が抜けていなければ、安定した思考に至ることができません。だから「お出かけ日和ですね」にあおられないことが必要です。もちろん、出かけることが気分転換になるならよいのです。テレビや雑誌は経済が回ることを前提にした発信をしているのですから、振り回されてはいけません。「普通、休日はこんなふうに過ごすよね」と言っていても、まずは身体的疲労を持ち越さないことが最優先です。

010
短時間で知らない分野を把握する簡単な方法

知らない分野を短時間で知りたい時、どうしますか？　現在は、ネットで検索するかもしれません。確かにネットの情報はすぐに情報を無限に仕入れることができます。けれども欠点があります。検索をして一番上に表示される情報とは「グーグルであればグーグルが一番上に出したい情報に過ぎない」のです。

世界中のサイト運営者は、検索された時に、上位にヒットするような対策をしています。そうした基準はもともとはグーグルが決めたものです。そのため、上位にヒットする情報が、求めているものだとは限らないのです。

そこで、検索を使わずに短時間で概要を把握する方法が必要になります。それは、子供向けの本を調べることです。大人である自分が何かを調べる時には、それなりのレベルの本を手に取りたくなります。本を選ぶ段階で自分の能力を高く見積もってしまうのです。

もちろん、時に理解するのに何度も読み砕かなくてはいけない読書も必要です。けれども自分に見栄を張らないことです。自分の能力を過信しない。素直に「知らないことは知らない」と認めることがスタートです。その点、子供向けの本は、要点がわかりやすくまとめられています。また、一方の見解に偏らない表現になっています。文字が大きく、イラストや図解が多

いので、知らないことを知るにはちょうどよいのです。

ネット上の情報で困るのは、検索上位にヒットするサイトの信憑性です。ひどいときには、どこかで見たようなコピペかリライトの記事ばかりがヒットします。こうなると、時間の無駄です。

その点、子供向けの本は、良心的で常識的な見解の元に作られています。だからパソコンやスマホで検索するよりも、よほど有益で信頼できます。おまけに重要なポイントだけがまとめられています。難しいことを難しく書くよりも、難しいことを子供でも理解できるように書くことの難易度は高いのです。そういう意味でも子供向けの本はネット上の半端なものより、断然、信頼が置けます。

011 入学式・卒業式を１着で済ませるなら、「黒ではなく濃紺」

入学式や卒業式などに着て行く親の服についてのお話です。それぞれ違う服を着る方もいますが、服の数を増やしたくない場合、色は黒が正解ではありません。濃紺です。

私たちの多くが1セットは持っている礼服としての黒いスーツがあります。これを卒業式に着ている人は実際に多いです。もちろん、一般の学校などでは黒でも問題ありません。けれども、一部のキリスト教系の幼稚園や学校では黒は喪の色として敬遠しているところがあります。キリスト教系の幼稚園や学校の全てが行事に黒をNGとしているわけではありません。が、私が実際に、知人から直接聞いた話では、キリスト教系の学校側から「お子さんは入学式には濃紺の服で参加してください」と指示があったそうです。この話を聞いた時、私は単にその学校の好みなのかなと思いました。けれども、あとになって、そうではないと判明しました。キリスト教では黒い服を着るのは喪に限るのだそうです。この学校の場合、お子さんが濃紺なら、親も黒ではなく濃紺でしょう。

我が家はキリスト教系の学校にお世話になったことはありません。ですが親の服として、濃紺のスーツを買いました。最近は、どちらかというと保護者の行事用スーツも濃紺よりも黒（礼服の黒ではない黒）が多いようです。私の場合は、「入学式と卒業式に別々の服を買うのはもったいない。けれども、卒業式に礼服と共有する時代ではない（地域によります）。入学式に黒は重い気がする。濃紺ならば失礼になったり、非常識とされたりする可能性はないはず」と判断したのです。そうして、濃紺のシンプルなスーツを一着買いました。デザインはブラウスを着なくても良いものを選びました。そしてそのスーツを、これだけ着ました。

1．幼稚園の入学式　2．七五三（男児なので5歳）3．幼稚園の卒業式　4．小学校の入学式

5. 小学校の卒業式　6. 中学校の入学式　7. 中学校の卒業式　8. 高校の入学式

というわけで、12年間にわたり、8回も着ました。さすがに高校の入学式が終わったら、体形の変化で無理と判断して処分しました。

濃紺は黒ほど重くありません。やはり行事用スーツとしては黒より濃紺が安心です。さらに、必要であれば、願書を受け取りに行くときや、学校説明会、受験に親が付き添う場合、保護者会などにも着ることが可能です。

我が子が高校生になってから、保護者会に黒のジャケットを着て行ったことがあります。黒はとりあえず無難で万能と思っていたのです。ところが、これは大失敗でした。というのは、先生方の多くが黒いジャケットを着ていたからです。まさか、先生方と被《かぶ》るとは思っていなかったので、これは予想外の出来事でした。それで2回目以降は黒のジャケットを着て行くことをやめました。入学後、最初の保護者会は、厳粛な雰囲気があるのですが2回目以降は少しずつラフな感じでも良くなってきました。その辺は全体の空気を察しつつ、ツインニットなどへと崩していきました。

子供の学校に着て行く親の服って、「これが正解」がないので、迷いますよね。今回は黒のスーツがＮＧの学校があるという話をしましたが、別の知人は、地方に越した時、卒業式では母親のブラックフォーマルスーツ着用率１００％だったそうです。

私が現在住む地域では、はじめ越してきたばかりの頃、よくわからなかったので、たまたま話をした方に聞いてみたのです、すると「礼服ではない黒いスーツ」という答えでした。ところが、実際に卒業式を迎えたところ、「何でもあり」でした。

地域が違えば知人のように、全員、礼服の黒いスーツにコサージュ、ということもありましたし、先にも書いたように、別の知人の場合は入学式にお子さんが濃紺と指定された（キリスト教系の私立）例もあります。

けれども、これを通りがかりの人がたまたま見かけた場合、濃紺ではなく「黒いスーツを着ている」と遠目に見える場合があります。写真も濃紺と説明されなければ黒と思ってしまうでしょう。黒でも問題ない場合や、学校が色をきちんと指定してくれる場合はいいのです。ところが「言われなくても黒は喪の色というのは常識」として、何も言われない場合は恥をかくこともあり得ます。

入卒業式用スーツという視点で買いに行くと、どうしても華やかで一過性のデザインに突き当たります。そうすると時代が変わると着られなくなります。親はあくまで子供の黒子です。なので、親が目立ち、おしゃれをする必要はないのです。

012
古い健康情報は百害あって一利なし

常識は変化します。健康に関する常識はその筆頭です。数年前は○と言われていたことが現在は×とされることも珍しくありません。一度取り入れた情報でも、アップデートが必要です。

古い健康情報は「百害あって一利なし」です。

たとえば、私が子供の頃、「バターは体に良くない。マーガリンがヘルシーで体に良い」とされ、学校の給食ではマーガリンが頻繁に登場しました。けれども現代では、「マーガリンと言えばトランス脂肪酸」と、警戒する考えが大きくなっています。

また、過去には「とにかく水をたくさん飲め」といった健康ブームや、様々なダイエット方法が出ては消えていきました。「花粉症に効く」「インフルエンザにかかりにくくなる」という噂の食品が冬から春先にはスーパーで品薄になることがあります。スポーツに関連した健康法もダイエットと平行して人々の関心の対象です。ところがこうした情報はある程度の時期を過ぎるといつの間にか見聞きすることがなくなります。

このようなことがあると、「何を信じればよいかわからない」「気にしていたら何も食べられない」と、不安を抱く声が挙がります。その結果「どうせ真実はわからないなら適当に食べよう」と不摂生をしてしまう人もいます。けれどもそれはよくありません。しょっちゅう変化する健康に対する常識については、「過信しない」ようにすれば良いのです。

「○○が体に良い」と言っても「ほどほど」に試せば良いのです。人の身体はうまくできています。例えば健康のために「りんごがいいですよ」という情報を受け入れたとします。そしてりんごを大量に食べる人がいたとします。ところがある一定の時期が来ると普通の人は「飽き」ます。この「飽きる」は、人が偏った食事に傾かないように、「ほどほど」でやめるように設定されているのです。つまり、普通に暮らしていれば、「とことん極めよう」にも、「飽きる」という防御反応が体内に備わっています。

健康に関する情報は、「もう知っている」と思わずに、定期的にチェックし直すことが必要です。常に最新の状態にすることはパソコン以外にも必要なことです。

第2章

家事をシンプルに

013 苦手な家事を克服しない

誰にも得手不得手があります。本来、得意なことに全力を投じた方がストレスもありません。ところが私たちは、幼い頃から広く平均点以上をとることが求められます。確かに、苦手分野が足かせになっているのなら改善は必要です。

けれども、苦手分野に割いた時間を、得意分野にかけたならどうでしょうか。本人のためにも、社会全体のためにも、まんべんなく平均点をとるより、より大きな可能性が起きます。しかし、現代日本では、そのような在り方が求められていません。「まんべんなく平均点以上をとること」が望まれています。

誰にでも得手不得手はあるのですから、全体の利益を考えれば、「得意なことは、どんどん挑戦する。その代わり苦手なことは得意な人にやってもらう」ほうが効率的です。人はストレスを抱えるために生きているのではありません。また、幸いに一人で生きているのではありません。仲間がいます。だからお互いの得意なことを提供しあえばいいのです。

そこで、ふと思い出すのは高校生の頃の「キュウリの半月切りテスト」です。結果は散々で

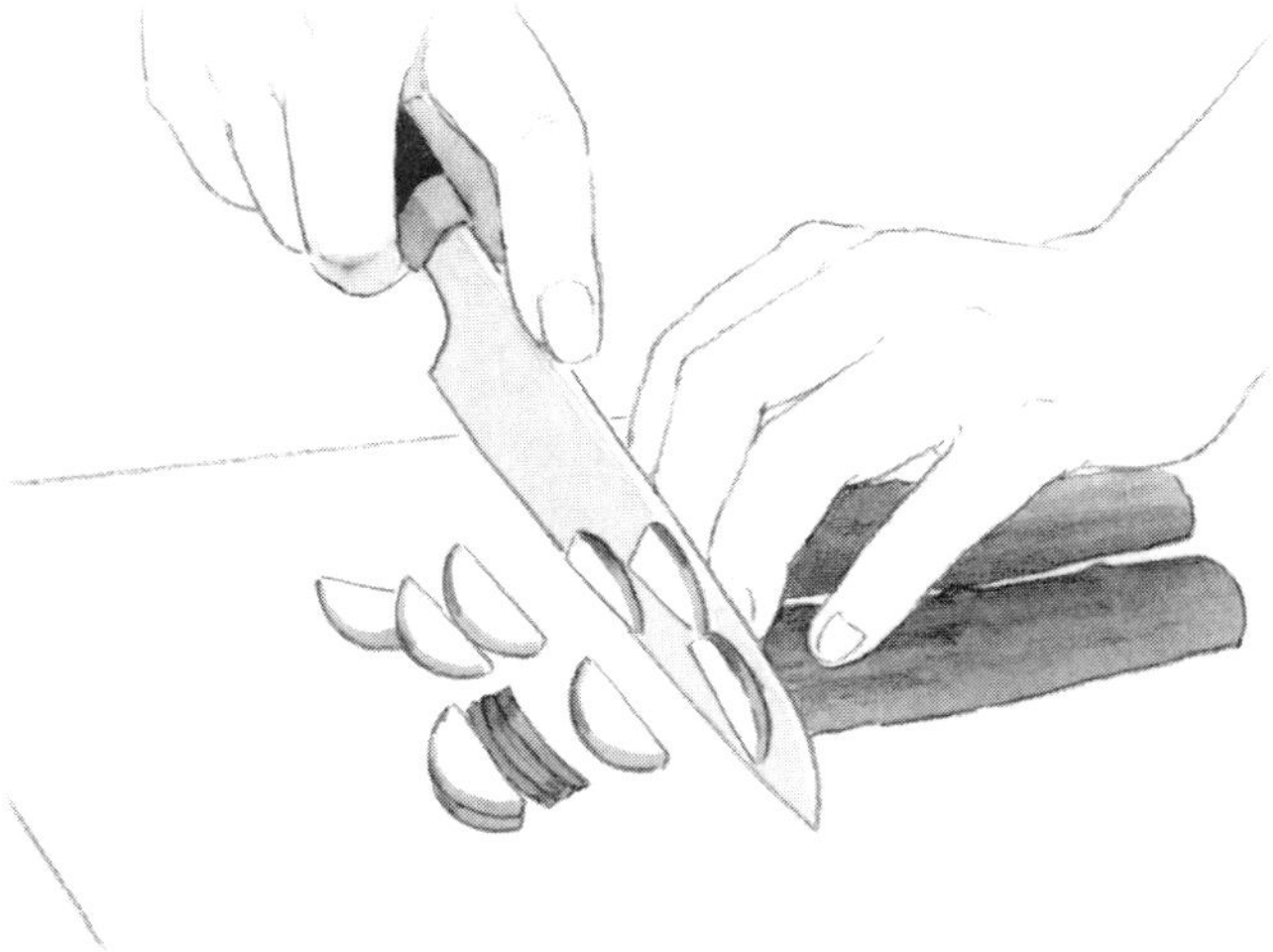

した。それをきっかけに、家庭科の教師に目を付けられるようになった苦い経験があります。こう言ってはなんですが、私は普段、自宅で料理を作っていました。お菓子も作っていました。だから「キュウリの半月切りのテストがある」と言われても、全く焦りませんでした。ただし、キュウリを半月切りにした経験は全くありませんでした。それでも練習など要《い》らないと思ったのです。なぜならいつも台所に立っていたからです。

　ところがです。いざ当日「あれ？　どうしてみんな、そんなに早く切られるの？」と驚きました。周囲のトントントン……とまな板に当たる包丁の音がすさまじくリズミカルで早いのです。私といえば、トン、トトン・トン……トントン・トトン……くらいの歯切れの悪い音です。

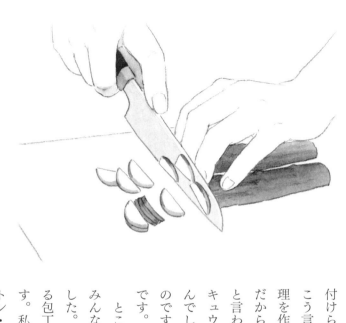

この時初めて、私の包丁さばきは、「焦らなくてはいけない状況」だと気づきました。テストは数回のグループに分けて行われます。だから順番待ちの人はテスト中の様子を見ています。「意外だよね……」と、私の様子を見てささやく声が耳に入りました。そのくらい、私の「キュウリの半月切り」はスピードが遅く、手つきが悪く見えたようです。「この人は普段、全然台所に立っていないでしょ」と思われたのでしょう。

それ以降、家庭科の調理実習でハンバーグを成形し、真ん中をへこませていると、「そんなに大きくへこませなくってもいいのっ！」と呆れ声の教師が立っています。今にして思えば、教師は気さくに声をかけたつもりだったのでしょう。

ですが私は教師から注意されるキャラではありませんでした。だから、こういうことは慣れていなかったのです。内心、むっとしながら、「やり直せばいいんでしょ、やり直せば！（心の声）」とハンバーグのタネを握り直していました。滅多にない反発心が湧き起こっていました。

そんな思い出ですが、長く主婦をやった結果はどうでしょう。相変わらずリズミカルにカットすることは苦手です。けれども、キュウリの薄切りを使ったサラダも浅漬けも、何ら問題なく家族に出すことができています。「私は早くカットできない。だから家族にサラダをつくれない」なんてことは全くないのです。

このように「苦手なこと」があっても行動を制限する必要はどこにもありません。経過が苦手でも結果を出すことはできるのです。大量に刻むわけではないので、何ら問題は起きません。野菜を素早くカットできなくても、ハンバーグのタネのへこませ方が少し違っていても、普通のメニューは作れます。プロの料理人ではないので、全く問題ありません。

家庭の炊事にパフォーマンスはいらないのです。それでも総合的な調理時間が遅いわけではありません。結婚当初は夫から（料理が完成するのが）「速い」とよく驚かれました。カットのスピードが少々ぎこちなくても速く料理を作ることは可能なのです。

料理だけではありません。洗濯、掃除、片付け、家計など家事スタイルの経過はそれぞれです。そして誰もが得意なこと、苦手なことがあります。得意なことは活かせば良く、苦手なことは結果を出すことに重点を置けば良いのです。

014

365日美味しい料理を並べない

家庭料理は、毎日ごちそうを並べる必要はありません。料理が大好きな人も、何年も続けていれば「やる気が出ない」日があります。調理は体力、気力、判断力がバランス良く必要な作業です。
調子が出ないときに取る手段は2つあります。

1．いつも通りに調理する

2．調理は手抜きするか休む

「1」は作業するうちに調子が戻ることがあります。いつも通りの調理が不調を復活させる良いきっかけに働く例です。

反対に「1」を実行しても調子が出ないときは、「2」の方法をとります。無理せず調子が戻ることをゆったり待ちます。けれども「2」を試みている間は、焦ることがあります。「怠慢ではないのか」「主婦失格だ」「1日、何をしていたんだろう」というように。以前と同じように作業すれば料理は完成するはずです。それなのに、なぜかそうならないのです。真面目で良い主婦、母、主夫ほどこうした変化に戸惑いを覚える人がいます。

このような時は、「休む」ことです。手作りに徹していた方は、スーパーの惣菜コーナーでも、デパ地下でも、通販のお取り寄せでもいいのです。とことん楽しみましょう。可能ならば、家族に手伝ってもらってもいいのです。

一時期、手を抜いたとしても再び気力が戻ったら作れば良いのです。仮に難しい状況でもその時にできる範囲でやればいいのです。総合的には平均点が取れているものです。「平均点以下」でも気にしてはいけません。「手を抜くときは、しっかり手を抜く」が自分を守るために必要なことです。

015 取り込んだ洗濯物を素早く片付ける方法

「やりたくない家事」の筆頭に「取り込んだ洗濯物をたたむこと」と答えた方はいますか。「洗濯物が、たたまれないまま塚と化している」のはありがちな光景です。洗濯物の「塚」ができてしまう原因は3つあります。

1. 腰より低い位置に一時置きしている
2. 正座して洗濯物をたたんでいる
3. 片付けるまで間があいている

起動にはエネルギーが必要です。車のエンジンも、飛行機のエンジンも、宇宙ロケットのエンジンも、そして人が動き出すのも同じです。人が動き出すには、体の機能としての動きの他、「よし、やろう」という気力のエネルギーも必要です。ところが、一時中断すれば、再開には余分なエネルギーが必要です。洗濯物の「塚」は、まさに一時中断した作業を再開待ちしている状態です。だから余計に気力を必要とします。

洗濯物の取り込みから、しまうまでの作業は一気に全てを完了させます。決して途中で中断してはいけません。まず、洗濯ピンチハンガーや洋服ハンガーを外《はず》すそばから、1枚ずつ、即たたみます。10枚外してから10枚たたむのではありません。例えば10枚のタオルがピンチハンガーにかかっているとします。このときタオル1枚を外したら、即、たたみます。1枚をたたみ終えたら2枚目を外します。そしてまた、即、たたみます。これを10回繰り返します。このように1枚たりとも床やソファに仮置きしないクセを習慣づけます。

このようにすれば、洗濯物をハンガーから外したあとには、全てたたまれています。次にもうちょっとだけ、ひと頑張りします。たたんだ洗濯物とクローゼットに吊るす衣類を戻して完了です。これで、もう洗濯物の「塚」はできません。

016

保温弁当箱は一年中使う

保温弁当箱は冬だけ使う物と思っていませんか？　だとしたら、もったいないことです。保温弁当箱は真夏も重宝します。まず、ご飯を冷ます手間がいりません。何といっても温かいご飯を食べられます。おかずは一年中冷ましてからフタを閉めなくてはいけませんが、ご飯を冷ます手間がいらない、それだけで忙しい朝は段取りが変わります。

温かいご飯を食べられる安心感は夏でも変わりありません。ところが、せっかくの保温弁当箱も冬限定で使う人が多いようです。私も、ご飯を冷ましていた頃は容器の上下に保冷材を置いて（上にはラップの上から）冷ましていました。その点、保温弁当箱を活用したことで弁当の準備はグンとラクになりました。

保温弁当箱を一年中活用すれば、冬用、夏用と分ける必要もないのです。

ご存じと思いますが、保温弁当箱といっても保温できるのはご飯容器だけです。おかずの保温は衛生面の理由から保温はできません。けれども弁当ってご飯とおかずをくっつけて持って行きますよね。だから、ご飯容器が温かいとおかずが温まってしまうのでした。けれども、保温弁当箱は、おかず容器とくっつけても何ら問題はありません。

食べる当人は真夏とはいえ冷房が利いている部屋で、冷え冷えのご飯を食べなくてはいけません。ところが、保温弁当箱なら、炊きたてのご飯を詰めるだけ（事前に熱湯を入れて余熱をしま す）。それで、梅干しを入れてフタをしておしまい！　ラクです！

017

「家事担当」の役割を感じさせない家事着

家事のやる気には服装が重要です。「汚したくない」と思う服では家事が進みません。また「寒い」「暑い」など体感温度が不快な服も同様です。そうかと言ってエプロンには抵抗のある方もいるはずです。「お母さん」「主婦」「婦人会」のイメージが浮かぶからです。エプロンをつけた人が「家事担当」と固定されるような気もします。そこでエプロンのイメージを回避しつつ、エプロンの実用的なプラスの役割を担《にな》う服を着れば問題は解決します。

冬にはフリースジャケット、夏は薄手の袖のないワンピースなどです。フリースジャケットは、価格が安く、期間限定価格を利用すればさらに安く買えます。軽くて暖かく、洗濯をしてもすぐに乾きます。普通のエプロンは袖がありませんので長袖の服を汚す心配があります。けれどもフリースジャケットなら割烹着のように袖までしっかり覆ってくれます。

価格が安いので、どんな水はね、油はね（火を扱う時は注意）でも気軽に洗濯できて、アイロンもいりません。色が濃いものを選べば割烹着の白のように、汚れをあまり気にせず済みます。寒い冬の朝でもフリースを着ればすぐに活動できます。

夏は雑貨屋さんなどで安く手に入る薄手のワンピースが重宝します。Ｔシャツでもキャミソールでもよいのですが、宅配などがあった時は服装がラフすぎます。そこで薄手のワンピースを着ていると家着としては格好がつきます。たかがＴシャツといっても、油はねやシミがついていては格好悪いものです。

家事のやる気が出ないのは、「服を汚したくない」思いのことがあります。「やる気」とは自分の意欲だけではどうにもならないことがあるのです。うまくいかない時には着るものも道具と見なすことです。すると改善点が見えてきます。

018 洗濯に裏ワザはいらない

ワイシャツの襟と袖口の汚れ落としは「普通」が一番です。簡単に汚れを落とす方法は２つあります。ひとつは、汚れに固形石鹸をこすりつけて下洗いするだけです。入浴ついでに下洗いをすれば簡単です。襟と袖口を湯で濡らしてから、石鹸をこすりつけます。そのあと40度くらいの湯を洗面器に入れて、もみ洗いします。終わったら洗濯ネットに入れて、後は洗濯機に投入するだけです。

もうひとつの方法は、「つけ置き」です。はじめに洗面器かバケツにお湯を入れます。そこに酸素系漂白剤と洗濯洗剤を少し濃いめに溶かし、ワイシャツをつけ置きするだけです。軽く襟と袖口をもんでおきます。

夜の入浴時につけ置きして、翌朝洗濯機で普通に洗います。

019 洗い替えはいらない

寝具のカバーと、シーツの洗い替えは持ちません。一瞬、「洗い替えがない」と聞けば、「洗わない」と勘違いされるかと思います。そうではありません。むしろこまめに洗濯するからこそ、洗い替えはいらないのです。

そもそも洗い替えが必要なのはどうしてでしょうか。それは洗濯をした後に乾ききらない時の予備のためです。または「気分転換」「来客用」「病気の時のため」「小さい子供が頻繁に汚す」などです。複数枚持つのは構いません。ですが家族の人数分、来客用も、となれば結構な数になります。第一、カバー類の洗濯は晴天の日に行うはずです。当日中に乾ききる日に洗濯をするのが普通です。その日のうちに乾くのなら、カバー類を再び装着すれば、収納すら要りません。

このほか、一番洗濯頻度が多い枕カバーは、取り外しと装着が簡単なものを使います。シーツと枕カバーは、洗って乾かし取り込んだら再び寝具に装着します。おかげでその収納は不要です。たたみ方もしまう場所も工夫する必要すらないのです。

020 「煮る」調理で手間を減らす

ラクに調理をしたいなら断然「煮る」です。もしかすると「炒める」「焼く」調理が簡単だと思っていませんでしたか。確かに調理そのものは簡単です。けれども、火のそばに立っている時だけが調理ではないのです。

調理は食材を冷蔵庫から出すところから始まります。そして食べ終わって後片付けを完了させるまでが調理なのです。食べるタイミングも含みます。調理の技術が簡単でも、配膳と後片付けに手間がかかれば面倒な作業と化します。

ラクに調理できるメニューは、たくさんの料理本に載っています。それでも多くの人は負担に感じています。料理の本に載っている段取りは、まな板の上と火のそばで行う工程だけだか

らです。

実際の調理はタイミング勝負です。しかも自分の行動ではなく家族の行動を観察しなくてはなりません。炒め物は野菜のシャキシャキ感を生かすために、席に着くタイミングを見計らわなくてはなりません。使い終わった調理器具を洗う、しまう、家族が食べるタイミングにあわせて温め直し、焦げ付いた鍋をゴシゴシこすって洗う、など多様な手間が必要です。

次に調理時に出るにおいにも気を遣います。炒め物や焼く、揚げる調理のにおいは食欲をそそります。けれども髪の毛や服に、においが付きます。出勤前や、大事な外出の直前に付いたらやっかいです。おいしそうなにおいも、手間になるのです。

そこで、普段の日はできるだけ「煮る」調理法にします。これで時間差のある家族の食事も温め直すだけで済みます。もちろん、においは出ます。けれども、炒める、焼く、揚げると比較すれば格段に穏やかです。何より、ゆでて放置するだけで味がなじみます。煮汁も一緒に摂れば安堵する効果があります。汁ごと食べれば体が温まります。夏は、煮物の方が鍋の側にいる時間が短くて済みます。また「煮る」調理は後片付けがラクなのです。焦げ付きが出ることが少ないので後片付けにも手間がかかりません。

021 弁当箱は洗わない

「弁当箱洗い」は、なぜあんなに面倒に感じるのでしょう。夕飯のあと洗い物が全て終わったところに「まだ弁当箱の洗い物が残っていた」と気づいた時の小さな絶望感……は大げさですが、これほど億劫な家事はありません。おそらく弁当を作ることと比べて、楽しみを見いだしにくいからでしょう。

まず、夫の飲み会があるとわかっている日は、おかず容器と箸は使い捨てにします。これで洗い物は、ご飯容器のみになります。使い捨て容器は１００均で見つけました。実は決して安いとはいえず、使い捨て容器は割高です。けれども洗う手間を考慮すると、帰宅が遅い日の洗い物を回避できる、そう考えれば決して高くはありません。割り箸を使えばさらに手間を短縮できます。

冷静に考えれば、毎日使い捨て容器にしても1ヶ月千円くらいです。これを高いとみなすか、安いとみなすか、です。目的にもよりますが。

・昼食時に外に出る暇がない
・持参の弁当で健康に気をつけたい
・弁当を作ること自体を楽しみたい
・弁当で節約をしたい
・同僚がほとんど弁当持参なので雰囲気的に持参する

などで弁当持参の必要がある場合、節約以外の目的であれば、使い捨て容器に頼ることを考えても良いでしょう。月千円ほどの支出を手間を省く費用と割り切れば、無駄ではありません。反対に弁当自体を楽しみ、同僚との調和を目的にするのなら、使い捨て容器ではなく通常の容器が中心になるでしょう。

このように、割高に思える使い捨て容器も利用目的次第です。それによって無駄か必要な支

出かが変わります。支出という点では同じですが各自、支出の意味が違うのです。単に節約、無駄とみなすのではなく、使用する意味と目的を吟味しましょう。

022

「料理のレシピ通りに作らない」のには訳がある

人間だけにできることは何でしょうか。それは言語化したり数値化したりできない曖昧な判断能力です。これこそが手放してはならない分野です。例えば「料理のレシピを最初だけ確認したら2回目以降は勘で作る」そんな積み重ねが重要です。

料理本は材料と写真を眺めるだけです。初回は分量を参考にしますが、そのまま作ることはありません。さらに2回目以降、レシピは参考にするだけです。

料理のレシピは「誰が作っても同じになる」情報です。けれども毎日の家庭料理は本来、計測に頼るものではありません。勘を研《と》ぎ澄《す》ませて作るものです。確かにお菓子やパンを作るときには正確に分量を量らないと、きちんと形になりません。このような料理の場合にはレシピ通りに作ることは必要です。

けれども、それ以外の家庭料理の段取りや味付けは、全て勘で行います。結婚当初、メニューによっては料理本を片手にその通り作っていたこともあります。けれども、一通り手順を覚えたら、レシピは無視していました。

そのような習慣は、おそらく子供の頃の状況が要因です。小学校高学年くらいからは母が留守のとき、自分でおやつを作りました。あらかじめレシピ通りに作るのではなく「あるもの」で作るのです。冷蔵庫や台所を見て、パスタ、ホットケーキ、お好み焼き、プリン、クレープ、クッキーなどを中心に適当に作っていました。もちろん、母は留守にする時、必ず昼食とおやつを用意してくれていました。けれども育ち盛りの時は、すぐにお腹が空くのです。同時に「自分で作る」ことが面白いということもありました。そんな習慣のせいか、「今あるもの」で今自分が口にしたいと思う味を再現しようとするクセがつきました。味を逆算して料理するイメージです。それは今でも変わりません。

全体の分量を目分量で把握したら、調味料や入れるタイミングもすべて勘です。レシピ本は、本来、手順を正確に伝えるものです。「書いてある通りに作れ」という意図ではありません。

初めはレシピを参考にして良いのですが、「だいたいこのくらい」という感覚を身に着けます。後は作れるようになるための一つのステップです。

人の暮らしは、もともと「ある物で何とかする」が原点だったはずです。料理の定番メニューは周囲にある食べものを工夫した結果、定着したものです。それが長い経過でメニューとして定着したのでしょう。何もなかった時代には、レシピなどに頼らず作っていたはずです。

以前、テレビの料理番組でゲストのタレントさんがギョウザの具に玉ねぎを入れていました。それを見てレギュラー出演のタレントさんがこう言うのです。「普通、ギョウザに玉ねぎって入れる？」と隣で怪訝《けげん》な表情です。タレントさんはゲストさんを心配したのかもしれません。けれども定番のギョウザは、メニューとして定着した形に過ぎません。多くは、具材にひき肉、キャベツ、ニンニクに、せいぜいニラやネギなどが定番化しています。玉ねぎを入れたギョウザは、前例が少ないというだけです。

このようなことは「レシピ通りに作る」思考に凝り固まっていると気付くことができません。料理は慣れている人ほど勘で作っていることでしょう。けれども、それでは他人に伝授することが難しくなります。だからレシピが存在しているに過ぎません。

職人さんでも料理人さんでも、経験の長い人ほど勘で作っています。車を運転し始めの頃には、手順を確認しながらでないとスムーズに運転できません。ところが経験を積むうちに、同乗者と会話しながらでも目的地にたどり着けるようになります。

人にとって勘は最強の道具です。たくさんのレシピをストックするよりも、食材から最適な味付けや調理方法を連想する感覚が重要です。アクの強い食材や硬い食材、においの強い食材、これらを食べやすく安全に加工する手段が料理の原点です。

人間である自分にできることは何でしょう。言語化したり数値化したりできないけれども判断できる能力です。人が持つ能力こそ、手放してはならないのです。

もし、限られた食材と道具を前にしたとき、どんなふうに調理すれば最適なのでしょう。その判断をすぐにできるでしょうか。

第3章

日用品をシンプルに

023

自宅の時計は多いほど良い

自宅では時計の数を制限しません。家中のどこにいても時刻がわかるようにします。自分の時間を有効に使うためには、正確な時刻がわからなくては始まりません。そこで目の前に時計があれば、行動を具体化できるのです。「初めにトイレ掃除をして10分。ハンカチにアイロンをかけて10分。残り10分。その間に着替えができる」というように。

時刻は、「腕時計かスマホがあれば確認できるのでは？」と思うことでしょう。けれども、自宅ではリラックスしたいですよね。それなのに、スマホを常に手にしていたら落ち着きません。そこで顔を上げればすぐに時刻のわかる環境が重要なのです。

確かに朝は眠いし、やることが目白押しです。下手をすれば、義務感のみで嫌々朝を過ごしてしまいます。だからこそ、朝のわずかな時間が「受け身の朝」か「自分の意志で動く朝」か、で意義が180度違うものになります。

我が家は3人家族ですが、時計は15個あります。現在のところ減らす予定はありません。15個という時計の数は我が家にとって過剰ではありません。

・腕時計　3個（1人1個）
・掛け時計　2個（リビング、居室）
・置き時計　7個（玄関、リビング、ダイニング、台所、洗面所、トイレ、居室）
・目覚まし時計　3個（トラベル用小型時計を1人1個ずつ使用）

単純に、「時刻に遅れない」という基本は侮《あなど》れません。遅刻は信用に関わります。その他、自分なりのタイムスケジュールを有効に活かす必要性は多大です。

目覚ましはトラベル時計を使っています。いまどき使っている人は少数派でしょう。これはアラームの鳴り方が絶妙だから愛用しているのです。鳴り方や音質は「目覚め」の質を上げます。この時計は初めアラーム音が静かに開始します。アラームを止めずにおくと段階的に音量がアップしていきます。そのため、「ビクッ」と驚くような目覚めを防ぐことができます。また、時刻設定がしやすい、夜間に見やすいなどの良さがあります。

また、「朝、テレビ番組を時計代わりにつけている」方は「情報収集のために必要だ」とい

う意見があるでしょう。確かにリアルタイムで映像、音声とともに流れる情報は有益なものもあります。けれども、テレビで流れる情報は基本的にスポンサーが流したいものです。「選んでいるつもり」の情報も、しょせんは「大事」と思いこまされているに過ぎません。

試しに少しの間、テレビのニュース番組を見ずに過ごしてみてください。案外、困らないものです。私の場合ですが、最近、知らなかったために調べたのは、「プレミアムフライデー」くらいのものでした。ネットで確認したら5分ほどで趣旨を把握できました。

この他にも、野球の試合の結果や、相撲の勝敗、芸能人の話題などは、いずれも空いた時間にまとめて「読めばわかる」ものです。好きな分野はともかく、当然、興味がない分野も含まれます。一般的な世の中の流れを知る必要はあります。けれどもこれらの収集に費やした分、時間が不足します。その分、自分が興味のある分野がおろそかになります。基本的に興味のない分野は他の人にお任せして、重要だと考えることにエネルギーを費やしましょう。

家に時計を多めに設置すれば、時間の活用もきめ細かい意識づけができるのです。

024 漆器の丼でフットワークが軽くなる

「軽い」「割れにくくて安全」「器が熱くなりにくい」

こんな三拍子そろった万能食器があります。それは「漆器」です。我が家では「漆器の丼」を取り入れました。麺類など汁物のとき、重さがかなりあることが気になってのことです。丼は大きいので洗うのにもひと苦労です。

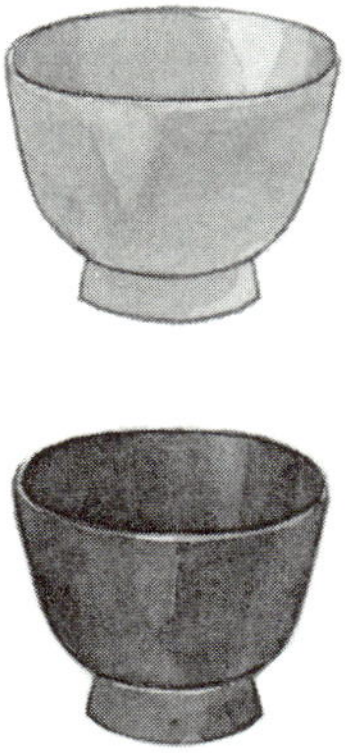

◎漆器は陶器より軽い

食卓では、重い陶器の丼が多く使われていきます。そこで漆器の素材に変えてみました。すると圧倒的に軽くて扱いがラクなのです。台所から食事をする場所に丼を運ぶ時、軽いのです。洗う際にも手軽です。

◎漆器は陶器より割れにくい

漆器は落としても割れにくいので安全です。

もちろん、衝撃で割れることは皆無ではありませんが、陶器に比べれば断然、安心して使えます。

◎器が熱くなりにくい

漆器は器が熱くなりません。熱くて「やけど」しそうになることがありません。

◎デメリット・価格が高め、品数が少ない

唯一の欠点は価格が高めのことです。器本体が日本製の場合、希少性が高いのでますます高めです。器本体が手ごろな価格の物はほとんどが中国製です。実際は「本体の素材は中国製、塗りが国産」というものが多いようです。ただし一度買えば割れることは少ないですし、長く使えば長期的には安い買い物となります。

025
「書く」ことの全ては普通の大学ノートで事足りる

私たちの身のまわりには、多様なノートや手帳があります。ですが、「大学ノート」1種類あれば、様々な用途に使いまわしが利きます。

・ノート
・メモ帳
・日記帳
・アドレス帳
・家計簿

これらの使い分けをやめます。そうすれば「書く」ことだけに集中できます。本質的なことに特化するのです。

メモ帳は、小さい手のひらサイズ、日記帳はA5サイズ、アドレス帳は手帳に、家計簿はB5サイズというように、サイズやデザインの違いは「選ぶ」楽しみのひとつです。けれども書く内容に集中したい時には、それらが雑音になります。

そこで全てを大学ノートに書いてしまいます。すると内容によって「変える」ことをしなくて済みます。サイズが同じなので「埋もれて見当たらない」などのアクシデントを防ぐことができます。

メモも大学ノートに書きます。メモは広い紙面に書いても良いのです。ところが「小さい用紙に書かなくてはいけない」と思い込んでいます。ノートなら、小さいがために紛失することがありません。ノートは綴じてありますから、時系列に並びます。あとからメモを探す時にも便利です。

家計簿、日記帳、手帳、等は1冊千円前後することがあります。ところが用途はきちんと果たすのに、大学ノートなら1冊100円程度です。安いところでは10冊セットで1冊あたり60円程度など格安の品もあります。

大学ノートと30センチの定規とボールペンで事足りるものはたくさんあります。例えば市販の家計簿はその代表です。年末になると書店で家計簿が多数販売されます。けれども、市販品は初めからいろいろな項目が記載されているので、アレンジが利きません。そこで大学ノートと定規の出番です。30センチの定規を使い、ボールペンで線を引けば、自作の家計簿の出来上がりです。

全てを大学ノートに書いてしまえば、「選ぶ」「使い分ける」手間から解放され、「書く内容」に集中できます。ノート集めが趣味でないのなら、「書く内容」を充実させた方が有意義です。

026 ガーゼハンカチを大きく活用し、小さく手間をかける

ガーゼハンカチを活用しています。タオルではなく、ガーゼハンカチを使うのには理由があります。「薄い」「小さい」「肌当たりが優しい」ことが効果的に使えるからです。

タオルは使いすぎると洗濯機の中でかさばります。そのため、1回ずつ交換したい時にはジレンマに陥ります。「洗濯物が増える」ことと「衛生面」の狭間《はざま》です。そんな時に、ちょうどよく使えるのが「ガーゼハンカチ」なのです。

洗顔後に顔を拭《ふ》くのはもちろん、ちょっと口元を拭いたり、目元を拭いたり、手を拭きたい時にも、小さいので負担がありません。存分に使っても洗濯物としての総量はごくわずかです。これがタオルであったら、洗濯機のなかでかさばってしまいます。

それだけではありません。ガーゼハンカチは乾きが早く、洗濯物干しのスペースもわずかで済みます。室内干しでもすぐに乾きます。

このほか、肌当たりが優しいので、肌が敏感な時には重宝します。小さな物ですが、ガーゼハンカチで代用できることは多いのです。

◎ガーゼハンカチの活用例

・洗顔後に顔を拭く
・化粧時に乳液やクリームの余分な油を抑える
・手を洗った後の手拭きに（一回使用するたびに交換する）
・眼鏡を洗った後に拭く（レンズはティッシュか眼鏡拭きで）
・シャンプーのタオルドライ後、もう少し髪の水分を取りたい時に

◎ガーゼハンカチの効果

・かさばらない
・肌に優しい
・使い捨てではないので経済的
・洗濯後の乾きが早い
・収納スペースがわずかで済む

ガーゼハンカチは一日に一回、まとめて洗濯機で洗えば良いので、手間がかかりません。洗濯ネットを一つ用意して、その中にガーゼハンカチをポンポン入れます。このようにすれば他の洗濯物にまぎれないので、干すのが簡単です。

027 体温計は健康な時に買う

体温計を使おうとして慌てたことはありませんか。いざ、使おうとしたら電池切れだったり、表示が見にくかったり、やたら計測に時間がかかって焦ったり。

我が家で取り入れた体温計は、数字の表示が大きいものです。短時間で予測検温もできます。数値が大きいので、夜中の検温時に助かります。検温する時、部屋の明かりを全灯にしなくても確認できます（室内の明るさによって違いがあります）。表示が大きいので、老眼の方でも負担なく数値を確認できます。

使用したきっかけは、近所の内科で使用したことです。まず、数値が大きく表示され、見やすいことに感激しました。次にすばやく予測検温できたことに二度感激しました。早速、忘れないうちに同じ体温計を購入しました。

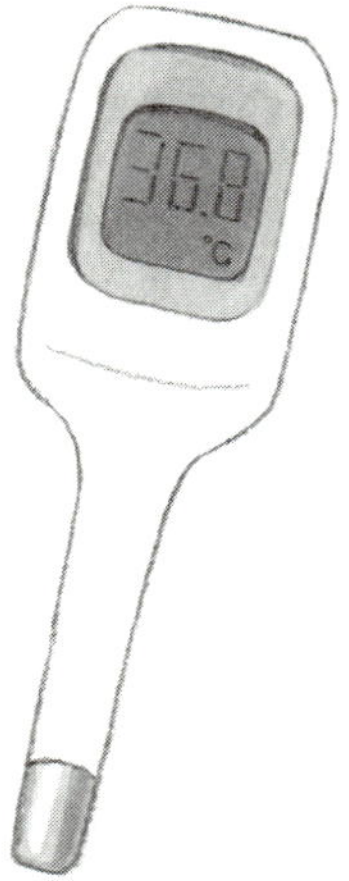

普段は存在自体を忘れてしまう体温計です。けれども健康な時にこそ余裕を持った準備をしておくと安心です。おかげで、風邪をひいた時にも慌てず使うことができます。

028 まな板に「肩身が狭い思い」をさせない

まな板は「軽くて吊るせるもの」がおすすめです。まな板は使用中より、使っていない時の置き場所に困る物です。というのも、使用中は他の調理器具や食材が調理スペースに総動員されます。そのため、まな板はどんどん「肩身が狭くなって」いきます。

普段、どのくらいの大きさの食材をカットしているでしょう。ほとんどの場面では、「ちょこちょこカットする」状況が圧倒的に多いのです。

「大は小を兼ねる」と言いますが、「まな板は大きくなくてはいけない」とは限りません。私も結婚当初は大きいまな板を使っていました。けれどもフットワークの悪さにどんどん小型化していったのです。

最近は下敷きのような薄いまな板があります。これらは面積をほどほど保ったまま、厚みをなくして軽さを出しています。けれども「包丁のあたり」のためには、ある程度の厚みが必要です。薄すぎるまな板は包丁をあてた時の「切れている」感覚が鈍いのです。

さらに置き場所に困らないためには「吊るすための穴」があること、吊るすために適した軽さであることが必要です。いろいろ検討した結果、購入したのは小さなカッティングボードです。これにはきちんと厚みがありますから、包丁でカットした時のあたりに問題ありません。

まな板の置き場に困る原因は、重量と面積です。改めて「切る」を確認すると、「魚一匹をまるごとさばく」機会は週に何回あるでしょうか。キャベツの千切りは広い面積がいりますが、何回かに分けてカットすれば何とかなります。

029 日用品ストックは最適化でバランスを保つ

生活に役立つはずのストックが、時に支障をきたすことがあります。それは、適切な量を超えて持っている場合です。いっそのこと、一切ストックを持たなければ家の中は相当スッキリします。けれどもそれは現実的ではありません。

ティッシュ、洗剤、食品などのストックは備えになります。天災や、用事があって買い物に行けない時に役立ちます。また、安い時のまとめ買いで節約を目的にするケースがあります。

一時期は、「コンビニがあるから、ストックは不要」の持ち方が推奨されました。けれども2011年の東日本大震災や、それ以降の熊本地震などをきっかけに、「全くストックを持たないリスク」を多くの人が意識せざるを得なくなったのです。ところが、今度は多くの人が困惑します。「ストックゼロでは困る。多すぎても管理しきれない。ストックの量や数はどう決めればいいのか？」。きっと、多くの方がこのジレンマに陥ったことでしょう。

過剰にストックを持ち過ぎれば、二重に買ってしまったり、雑な使い方をしたりで使用量が増えたりします。ひどい場合には使い切れずに廃棄する羽目になります。収納場所にホコリがたまり、不衛生にもなります。

では、無駄を防ぐにはどうすれば良いのでしょうか。それにはまず、「普段の使用サイクル」を把握することです。確実に使う必要な物だけに種類を絞るのです。

住んでいる地域が買い物に不便である、家族の世話、家の用事、仕事などで買い物に行く時間がない状況では一定量のストックは必要です。

◎ストックを持つメリット

・買い物の手間を省くことができる
・買い物の交通費を節約できる
・天災、用事があるときの備えになる

・節約になる

◎ストックを持つデメリット

・使い切れない
・購入費用が必要
・収納スペースが必要
・管理が複雑になる
・無駄遣いになる
・品質が劣化する
・たくさん消費する

ストックを最適化する方法は以下の通りです。

1.種類を減らす

人が管理できる量には限界があります。そこでまず日用品の種類を減らします。例えば「家族別のシャンプー、リンスを共有にする」などです。例としては、

・家族別の日用品の種類を減らす（シャンプー、リンス、ボディシャンプー）
・スキンケア用品の種類を減らす（美容液、保湿クリームをやめて化粧水と乳液だけにする）

・柔軟剤をやめる（どうしても必要な物だけに使う）
・掃除用洗剤の種類を見直す、など。

2. 使用開始日を物に書いておく

一つを使い切る期間を把握します。パッケージに使用開始日を記入して、使い切った時に、何日で消費をしたか確認します。すると必要なストック数がわかります。

3. 大容量ボトルを買わない

「たくさんある」と思うと使いすぎます。それを防ぐために大容量ボトルを買わないようにします。そうすれば、一定の使用頻度を保ちやすくなります。

4. 収納スペースの定位置を決める

ストック品の収納場所を決めておきます。場所が空いてもそのまま空けておきます。

5. 買い物前に収納場所の写真を撮る

買い物の前に、ストック場所を目視で確認します。面倒ならばスマホで写真を撮影します。買い物先で在庫を迷ったら、画像を確認します。そうすることで二重買いを防ぎます。

6. 使わないで済む方法を考える

そもそも使わない方法がないかを検討します。例えば、ティッシュでテーブルの汚れを拭けば消費量が増えます。消費量を見直せばストックが少なくて済みます。

7.「こだわりの品」の使用を見直す

コンビニや近所のスーパーで売っている物であれば、どこでもいつでも手に入ります。けれども、「こだわりの愛用品」が多い場合、買い物に手間を要します。その分ストックを多く持たざるを得なくなります。普通にどこでも売っているもので間に合わないかを検討します。

8. 情報をアップデートする

情報が変化していないかを時々確認します。例えば、「合成洗剤が良くない」と思っている場合、根拠となる情報が変化していないかを確認します。「常識」は変化します。かつては「良い」と言われていたことが現在は「良くない」と変わることがあります。古い情報のままでは、知らずに不要な品を使い続けているかもしれません。その反対もあります。新たな情報を確認すると、「最善」と思って取り寄せて使ってきた日用品は、特に意味のないものへと変化していることがあります。

030 バスマットは毎日洗えるものを使う

「家族でバスタオルを共有することに抵抗ありますか、ありませんか？」

テレビ番組の一コマでした。街ゆく人に質問するというものです。その結果は、

・NO（バスタオルを家族で共有することに抵抗がない）約3～4割

・YES（バスタオルを家族で共有することに抵抗がある）約6～7割

という結果でした。

NO（抵抗がない）の回答が思ったより多いので驚きました。回答した人の理由は、「洗った身体を拭いているから問題ない」というものだそうです。

私は……無理！　です。でも、これればかりは個人や家族間の感覚の違いです。良い、良くないとは一概に言えません。つまり、家庭内で使う物や、使い方というのは、他人には未知の部分が多いのです。

思うにバスタオルを家族で共有する発想は、洗濯機内で「かさばる、乾きにくい」からでしょう。我が家の場合、およそ私の家事スタイルでタオル類の交換頻度が決定します。身体を拭くタオルは各自別にしたいし、毎日、洗いたてを使いたい。でも、バスタオルは洗濯物が増えるので、フェイスタオルを使っています。

バスマットは家族共有ですが、100円ショップの小さい物を買って毎日洗っています。バスマット本来の目的は濡れた足の水分や湿気を受け止めるものです。だから厚手のバスマットである必要もありません。100円ショップの小さい布製バスマットでもよいし、フェイスタ

オルで代用しても何らかまいません。厚手のバスマットを使わなければ、毎日でも簡単に手入れができます。

「使わなくてはいけない」思い込みを見直せば余計なものを減らすことができるのです。

第4章

家計をシンプルに

031

現金は、まとめて一気に引き出す

生活に必要な現金を引き出す時、無駄遣いしにくいのは、どちらでしょうか。

A　必要な都度、少額ずつ引き出す
B　ひと月分、または数ヶ月分をまとめて引き出す

正解はBです。理由は、「予算」を意識できているかに関連します。一見、Aの方が無駄な支出をしにくいと思えることでしょう。少額の現金しか手元に置かないからです。ところが実際は違います。Aは支出が増えやすいのです。

「手元に現金があると、つい使ってしまう」ことさえ回避できれば、どちらも同じような気がします。ところが、ABには大きな違いがあります。

「必要な都度、少額ずつ引き出す」、つまり「手元に現金がなくなったら引き出す」となると、回数が増えます。結果として、引き出す感覚が曖昧になります。

このパターンでは、一回当たりの引き出す額は少ないのですが、ＡＴＭに出向く回数が増えます。ＡＴＭは提携する銀行が多様です。ＡＴＭはコンビニにもあります。街のいたるところでお金は引き出せます。これは、財布の出口が至る所にあるのと同じです。となると「財布にお金が足りなくなったら引き出せばいい」と「打ち出の小槌《こづち》」感覚です。実際は自分のお金は有限です。頻繁に引き出すと、トータルでいくら引き出しているのか実感しにくくなります。

もちろん、利用明細は出ます。けれども「今月、使えるお金」の感覚が鈍くなります。

また、防犯面からも頻繁に引き出すことはお勧めしません。リスクが高くなるからです。スキミングなどの被害は滅多に遭うものではありませんが、用心するに越したことはありません。できる範囲でかまいませんが、銀行店舗にあるＡＴＭが比較的安心です。店舗に付随したＡＴＭは営業時間内なら、常に職員の方が立っているところがあります。反対に駅の構内にある小さなＡＴＭは、死角があり、多数の人が行きかいます。防犯に１００％はありませんが、リスクが低いところと、そうでないところがあります。

さらに、「いつでも、どこでも、何度でも」引き出すうちにＡＴＭの利用手数料を気にしなくなります。利用する回数が増えるに伴い、無駄という感覚が希薄になっていくのです。

我が家の場合は、2～3ヶ月に一回の頻度でＡＴＭに行きます。預金のある店舗付き銀行ＡＴＭに行きます。そうすれば、通帳の記帳や更新をその場で完了できます。提携ＡＴＭでは記帳や更新ができません。

　通帳記帳や口座移動ですが、今はネットバンキングを活用しています。そのために窓口に行く機会はほとんど不要です。ただし、家庭のメイン口座は、ネットバンキングではなく、有人の窓口がある銀行の口座が安心です。突発的なことが起きた時、有人窓口の方が対応に機転が利きます。ネットバンキングは利便性の高さがメリットですが、ネットにアクセスできなかったり、ログインができなかったりした場合は使用が困難になります。普段、家計を管理している家族が何らかのアクシデントで操作できない可能性も考慮しておきます。こうしたリスクも考慮して資金は分散しておくのが安全です。

　まとめて現金を引き出したあとは、現金を予算に合わせて「袋分け」を行います。「袋分け」とは、ひと月ごと、予算の項目別に封筒などへ現金を振り分ける方法です。そうすると予算内であれば残金もわかります。はじめに利用目的別に分けます。あとはその範囲で生活するだけです。はじめに予算を立てるので、追加で現金を引き出しに行く必要はめったに起きませ

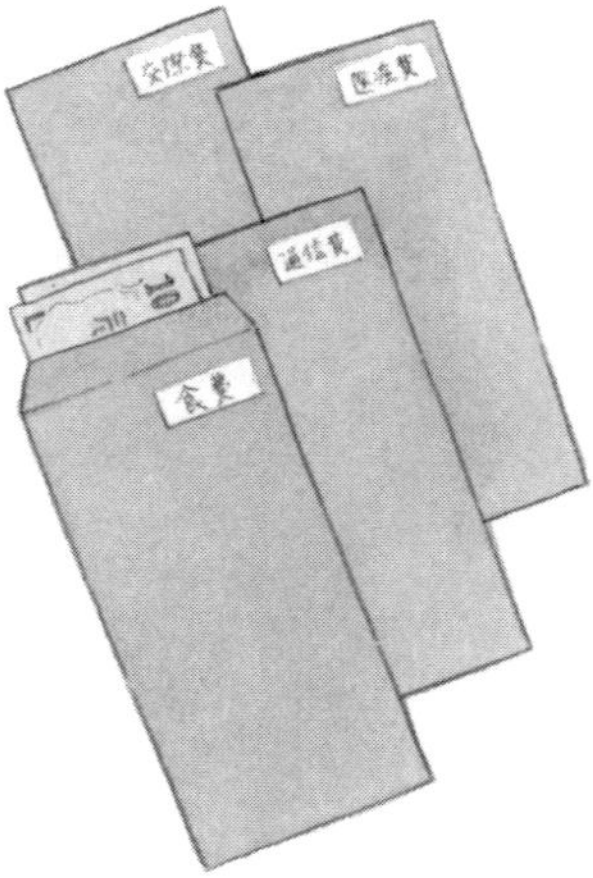

ん。

手元に多めの現金を置いても、あらかじめ用途別に分けておけば、やみくもに使ってしまうことはありません。現金は予算を決めてまとめて引き出す方が、無駄がありません。

現在は、クレジットカードや電子マネーが主流になりつつあります。そのため現金をほとんど使わないという方も多いでしょう。ですが、クレジットカードと電子マネーは、現金以上に「管理」と「予算立て」が重要です。現金は現物が見えます。だからまだ使えるか、もう使う予算がないかがわかります。けれどもクレジットカード、電子マネーは引き落としのタイミングや、月当たりの使用額を正確に把握しなければ利便性を活かせません。

お金は便利なツールですが、無限ではありません。そうした現実といかに向き合うか、そして有限のお金をいかに最大限に活かすか、それは予算立てと管理にかかっています。

032 本当に欲しいものを買えば、余分な物はいらない

節約は「我慢」のイメージです。けれどもこれは間違いです。節約したいなら本当に欲しい物は買った方が良いのです。曖昧な買い物をするから満足できないのです。何度も同じような

物を買ってしまいます。当然、お金が余分に出ていき、半端なものが増えます。「たくさん物があるのに満足できない」状況をもたらします。

例えば、マグカップを買うとします。このとき、自分が100円のカップでも満足していれば100円のマグカップでも問題ありません。ところが「本当は5千円のカップが欲しいけれど高いから100円のカップで我慢しよう」と価格だけを理由に5千円のカップをあきらめたとします。すると、買い物に行くたびに5千円のマグカップが気になります。そして購入を見送ったプチストレスによって、菓子や雑貨など「あってもなくてもかまわない物」を買い足してしまいます。もし、初めから気に入ったカップを買っていれば、もうマグカップの陳列棚を見ることはなかったでしょう。そして、「奮発してお気に入りを買ったから、半端な買い物は控えよう」と思います。本当に欲しいものを手に入れているのでストレスもありません。

実は私も、こうしたことに気付くまでに、だいぶかかりました。「安物買いの銭失い」が随分ありました。そして気付いたのは「本当に欲しい物は、買った方が良い」ということです。もちろん、頻繁に「本当に欲しい物」という理由付けで散財していては意味がありません。買い物にはメリハリをつけるということです。

基準は世間一般のイメージや他人の評価ではなく、自分の本心に向き合うことです。

033

ポイント5倍をもらうより、5％の無駄な買い物をやめる

「ポイント5倍（セール）は通常のポイント（1倍）より断然お得！」と喜んで出かけてしまう方は要注意です。スーパーにいそいそと出かける前に冷静になりましょう。今日の予算はいくらでしょうか。千円？　5千円？　1万円？　このとき、通常のポイントとセールのポイントの差額はいくらになりますか。整理してみます。付与率は、「買い物額に対してもらえるポイントが何パーセントか」です。付与率1％なら、買い物額が100円に対して1円のポイントがもらえるということです。通常のポイント付与率が1％と仮定すると次のようになります。

・予算額　千円　通常ポイント付与額10円　5倍セール付与額50円　差額40円
・予算額　5千円　通常ポイント付与額50円　5倍セール付与額250円　差額200円
・予算額　1万円　通常ポイント付与額100円　5倍セール時付与額500円　差額400円（付与額は、付与率に応じてもらった金額です）

確かに通常ポイントよりも5倍セールの付与額が上回っています。けれども、本当にセール

で得したポイントが家計に活かされているのでしょうか。その日の買い物の内容を再確認してみます。以下にあてはまることはありませんか？

・元の販売価格を知らない
・ワゴンの中に興味のある小型家電を発見したので購入した
・帰宅後に食べるお菓子やパンや惣菜を買った、のどが渇いたのでカフェに寄った

いずれも、私たちが何気なくとっている行動です。

◎元の販売価格を知らない

お得に買ったつもりでも、通常販売価格を知らないと損をします。例えば卵1パックが今日、195円だとします。このとき通常価格が190円である可能性を視野に入れていますか。実は安いどころか高い物を知らずに買っていることもあります。特に価格変動が激しい生鮮品は注意が必要です。価格がいつもより高いのか、それとも市場価格として妥当なのか、見分けが付きにくい品です。

一方で、セールでは確実にお得な価格設定の目玉品が必ず用意されます。そうしたものは確実に安く販売されています。「ポイント5倍だから何を買っても得」と考えるのではありません。通常価格より高い品を買わないこと、確実に安い目玉品をチェックすること、この2点が

セールで損をしないで得するコツです。

◎ワゴンの中に興味のある小型家電を発見したので購入した

「買い物を終えて帰ろうとすると、催事コーナーにワゴンが設置されています。何気なくのぞいてみると以前から興味があった小型家電を発見しました。今日購入すれば定価より安いのは確実です。今日の買い物予定にはありませんでしたが、ポイントがついてお得なので思い切って購入しました」……。

いつもの食材だけのつもりが、予定にない買い物をしています。確実に必要なものであれば、こうしたタイミングでの買い物もあるでしょう。けれども「お得なチャンスを逃す」と「もう安く買えないかもしれない」と焦って買うのなら一度冷静になる必要があります。

そのためにはいったん、売り場を離れてみます。それでも必要と判断したら買いますが、たいていは買うことを忘れます。本当に必要なものは店にくる前に「商品を見よう」と思うものです。ワゴンで目にするまで気が付かなかったということは、その程度の必要性に過ぎません。

◎帰宅後に食べるお菓子やパンや惣菜を買った、のどが渇いたのでカフェに寄った

例えば「5倍得した」つもりのセールも獲得したプラス120円分が1個の菓子パンの購入

でプラスマイナス0（ゼロ）になります。これに自販機でジュースを1本買えばさらに120円の余分な支出です。疲れたりのどが渇いた時、気分転換に軽食を買ったり、カフェに寄るくらい、自由に楽しみたいものです。けれども、セールで得したはずのポイントも、プラスマイナスゼロかマイナスにするのは簡単です。

もちろん、全てが我慢の生活では楽しくありません。主婦、主夫が気軽に菓子パンや惣菜を買うくらいの息抜きは必要です。けれども小さな「楽しみ」という散財の積み重ねがトータルでは万単位の支出につながります。

堅実にお金を使うための思いが裏目に出ることがあります。結論を言えば究極の節約方法は「無駄な買い物をしない」ことです。誰もが「節約しよう」「お得に買い物しよう」と考えます。ところが堅実にお金を使う思いが裏目に出ることがあります。それは販売する側が「節約」と「お得」であることを強調した売り方で購買意欲をあおるからです。家計のために良かれと思った行動が利用されてしまうことがあるのです。

最近、見かけるのはポイントカードの付与率をアップする形のセールです。ポイントの付与率には様々な表現があります。倍、割、％で印象がどう変わるでしょうか（通常付与率1％の場合）。

1．「ポイント5倍もらえます」
2．「０・５割のポイントをもらえます」
3．「５％のポイントをもらえます」

どれが一番お得と感じますか。おそらく「１」と答えた方が多数でしょう。実際は1、2、3とも受け取るポイントは同じです。ところが「１」の「ポイント5倍」といわれると相当お得な印象です。ところが冷静に考えれば「ポイント付与率が5倍」に過ぎません。

5倍というと多大な得に思えますが実際の金額に換算してみましょう。１００円の購入額に対し、通常は1円のポイントが付きます。これがセールで5倍の付与率になると「５円」のポイントが付きます。差額は４円です。千円の買い物なら差額は40円、一万円なら差額は４００円です。実際の付与額に直すと「５倍」のイメージほど多大な差ではないと気付きます。5倍のポイントを獲得するより無駄な買い物をしないほうがずっと確実な節約です。

それから、値引きよりもポイント付与は、売り主にとって非常に都合がいいのです。通常の

現金値引きでは、値引きした分店が得るキャッシュが減ります。ところがポイント付与のセールの場合はいったん販売価格分のキャッシュが入ります。ポイント付与分を店が支払うのはセール日以降です。さらに客がポイントを使用するまで店はポイントの支払いをしなくて済みます。

さらに、客の中にはポイントをすぐに消化しない人がいます。また、ポイントを消化しないまま利用期限が過ぎてしまう分が多数あることでしょう。つまり、店はセールで集客と売上を図りながら、ポイントカードで購買データを管理することができます。さらには値引き分を客に支払うのは後日で良いので、その間、資金を有効に活用できます。ポイントカードは店にとって多様なメリットがあります。

何よりセールの日時は店が決定します。けれども「いつ買い物をするか」の選択権は本来自分にあります。ところがセールの日時で行う買い物は自分に決定権がありません。

時間は自分の財産です。セールのために自分のスケジュールを他者にゆだねる意味は何でしょうか。買い物は自分が「必要と判断したタイミング」が一番です。多少割高な時があっても、必要なときに必要なものだけを買います。その方が結果として無駄がありません。

034 親の意見をきくと、お金が貯まらない3つの理由

いつの時代も親は子供に口を出します。「子供のためを思って」ということでしょうが、話半分に聞きましょう。特に多大な問題を抱えているのではない限り、自己責任です。何より親に判断をゆだねているうちは結果の全てを人のせいにします。「親が進路に反対したから」「親がやめた方がいいといったから」「親が資金を援助しなかったから」などとキリがありません。

10代の若者ならいざ知らず、20歳を過ぎれば、もう「親」を理由にはできません。日本では本人のやる気と努力があれば「実行可能な方法」は何かしら用意されているからです。恵まれている友人をうらやみ自分は不利だと嘆いても何も解決しません。嘆く暇があるなら一歩でも実現に向けて進むべきです。方法は調べぬくのです。

親と一口に言っても多少、年齢に差があるでしょうが、おそらくこの本を読んで下さっている方の親御さんは60代〜70代くらいでしょうか。一例として、その年代を想定した話を含みます。

◎理由1　現代は資金の確保に各個人の工夫がいる

「親世代は、円預金をして家を買い、こつこつ返済すれば定年後には家と退職金と年金と預金が確保できた。けれども現代は情勢が変わっている」

この年代の方が働き盛りの時と時代は変化しています。だから、親世代ではうまくいったお金の使い方、貯め方が、今は通用しません。今後のお金の流れもどう変化するか、不透明です。自分で情報収集をして現代に合った方法を考える必要があります。

もちろん、当初はベースとなる「コツコツ貯金」のような基礎は必要です。従来はずっとそれだけでも良かったのです。それ以降は自己責任で運営を考えなくてはいけません。

◎理由2　企業に就職すれば雇用と収入が安泰という時代が終わった

「親世代は終身雇用が当たり前だった。年功序列で昇進した世代だから、年収は年々アップした。けれども現代は違う」

親世代は結婚したら、「とにかく家を買う」価値観が最優先事項としてありました。

◎理由3　ずっと同じ場所に住む時代が終わった

「親世代は同じ場所に住む人が多かったが、これからは多様である」

親世代は同じ場所に住み続けることが基本でした。けれども、これからは1つの場所に固執しない住み方が増えるでしょう。企業の社員で転勤の多い人は各地を移動します。このような場合は、勤務先の都合に合わせて移動します。

一方で「住み慣れた土地を離れたくない」という願望が大きい人もいます。住み慣れた土地であれば勝手がわかっており、新たな人間関係を築く手間もいりません。

もっとも、住み慣れた土地を数年で移動する転勤族もデメリットばかりではありません。強制的に各地を移動する必要がありますが、移動のたびに新鮮な気持ちになれるメリットがあります。

住む場所は、もっと自由に定めても良いのです。実際は何となく生まれ育った地域にとどまるとか、進学や就職で縁のあった地域に住むことが多いでしょう。ですが、一つの場所にとどまらなくてはいけない決まりはありません。

最近は夫の転勤をきっかけに、家族が離れて住むケースがあります。それには各家庭の考え方や事情がありますけれども「家」を優先すると、「人」は二の次になってしまう選択が出ます。確かに家は高額ですし、住まない家は管理が大変です。けれども家はあくまで住まうための「物」に過ぎません。

場所については「手放せば二度と取り返せない」と思ってしまいます。定住すれば費用は効率的でしょうが、様々な経験も重要です。

親世代は「家を持ち、住み続けることが得で当たり前」だと考えます。ですが現代以降は画一的な住み方は薄れ、土地に固執する暮らし方とは違う価値観が出てくることでしょう。

035

夕方の値引きシールは高くつく

食品の買い物には可能な限り早い時間に行くことにしています。

先日、久しぶりに夕方の6時頃に買い物に行きました。ところが、何か客の雰囲気が日中と違うのです。みんなどことなくソワソワ。そして、魚売り場に立ち寄ったとき、私が売り場に近づくとライバル視されている空気を感じます。それは、特に私に対してというわけではなくて、客がお互いライバルという感じです。そこで気がついたのは値引きシールです。夕方になると生鮮食料品には一部値引きシールが貼られます。みんなの「ソワソワ」は、この値引きシールのせいなのでした。

「ああ、そういえば」。数年前には値引きシール目当ての買い物に行っていた時期がありました。でも、ある時期からやめました。理由は簡単です。「高くつくから」です。

値引きシールの貼られた商品は、値引きされていなかったら買わなかったものでした。結局食べ残したり、鮮度が良くなかったりしたのです。

店にもよりますが、大手スーパーは開店直後に鮮度の良い物が並びます。「広告の品」も早

い時間ほど確実に買えます。つまり、夕方ではなく午前中が一番お得です。基本的にセール品以外は定価ですが鮮度が良いのです。ということは値段あたりの価値が高いということです。

この他、実際の価格差よりも割合による数字の差の方にあおられやすくなります。例えば普段は１９８円のキャベツが２９８円で販売されていると、「高い」と感じて買う人が少なくなります。確かに割合を考えると１・５倍です。けれども価格差は１００円です。１・５倍だから「高い」と思って買わないけれど、その価格差は１００円です。

ところが１９８円のキャベツが２９８円では「高い」と感じて買わない人が、買うつもりのなかった定価８００円の商品に半額のシールが貼られていると、差額は４００円でも買ってしまいます。

必要な量を買う方が満足度が高く、余計な出費をしません。「バトル」に巻き込まれることなく、平常心で買い物ができます。

036

25日のATMには行かない

毎月25日のATMには行きません。行くメリットがひとつもないからです。ところが多くの人は反対の行動をとっています。毎月25日のATMは大混雑です。狭い空間は熱気がむんむんしています。「昼休みが終わってしまわないか」とイライラしているサラリーマン、ウーマンの姿があります。ぐずりはじめた幼い子供をなだめる親もいます。

誰しも行列になど並びたくないはずです。それなのになぜ、矛盾する行動をとるのでしょう。理由は意外なところにあります。おそらく理由は「安心」です。多くの人がATMに並ぶからです。もし、反対に閑散として誰もいなかったら、さすがに「何かおかしい」と不安になり理由を考えることでしょう。ところが「25日のATM」は多くの人がいます。だから「もしかしたら、この日に出向く必要がない可能性」を考えないのです。

本来、お金を引き出す日時に決まりはありません。混雑しているのなら、別の日に行く自由があります。けれども、こんな声が出るでしょう。「25日にお金が入るから、この日に行くのは当たり前」と。給与収入を得ている場合、多くは25日が入金日です。このほか、「口座引き落としや振り込みの期日が25日直後だから」という方もいるでしょう。

事情はわかります。けれども、たった一つ提案します。25日のＡＴＭにお金を引き出しに行くのをやめてみましょう。25日以外にお金を引き出しても、支障がない工夫は可能です。

「この日にお金が入金だから、25日に引き出すのは当たり前」

そんなふうに思った時点で、お金の僕《しもべ》です。お金の主人は自分です。主人が僕に振り回されてはいけません。混雑しているＡＴＭに行って、何か得することがありますか。

対策は簡単です。口座に、少しだけ余裕を持たせておけば良いのです。数ヶ月分の生活予算を入金しておくだけです。そうすれば、５日でも10日でも20日でも、自分が都合の良い日に行くことができます。余裕といっても、無駄に余ったお金ではありません。引き出すタイミングを自在にするための運転資金です。家庭における運転資金とは、収入と支出のタイミングを見て調整したり、病気や怪我、失業、天災、その他の突発的な出来事に備えたりするための資金です。ＡＴＭは、自分の都合が良い日で、かつ、空いている日を狙います。そうすれば混雑を避けられます。

さらには給料日直後と、給料日前とで、食卓のおかずの品数が変化するのも妙です。確かに月に使えるお金は限られています。けれども、方法は簡単です。「予算の配分」を意識するだけです。はじめに全体の予算を決めます。次に誕生日、来客、ちょっと贅沢したい日があれば設定します。最後に残りの予算を日割りで均等に配分します。

全体の予算―①贅沢予算（誕生日、来客、贅沢日）＝②日常全体予算
②日常全体予算÷残りの日数＝③日常1日あたり予算

全体の予算と贅沢予算、そして普段の予算を配分すれば給料日前でも直後でも不足なく生活が可能です。全ては事前の計画が功を奏します。

一般に月末と月初めのスーパーは混雑します。ところが20日前後は空いています。この現象から、見えることがあります。「多くの人が、給与日を基準に買い物をしている」ことです。給与が入金されれば、「お金がたくさんある」と思い、たくさん買い足している証拠です。反対に20日頃には、給与前なので買い物を控えているのでしょう。同時に、給与日直後の食卓と比較して、質素な食卓になるなどの現象が考えられます。給料日が軸にあり、支出はそれに伴っています。このような現象が多数の家庭で現れているのです。

一見、当然に思える現象ですが、そうではありません。お金の使い方に各自の「意思」が見えません。「あるから使う」「ないから控える」使い方では仮に収入が増えても何も変わらないことでしょう。せいぜい、アメリカ産の肉が国産に変わるくらいのものです。限られた収入でも、自らコントロールする意思があるか、それともコントロールされるだけか、で今後歩む道も違ってくるのです。

自らの意思があるかないかで25日の意味が変わります。受け身で日々をすごすのか、それとも自分の意思を反映させるのか。意思があれば、ＡＴＭ一つ出向くのにしても意味と対策を考えるようになります。

037 クレジットカードは「お金の出口」

「このバッグ、買っちゃおうかな」と思うバッグを見つけました。ただ、外側にファスナー付きポケットがあれば良いのですが、そのバッグにはありませんでした。

少し迷っていると、店員さんが寄って来て、説明を始めました。実際にバッグは気に入りましたが、その日手持ちの現金は価格に不足しています。予定にない買い物でしたからクレジットカードも持参していませんでした（私は通常、使う予定のある時にだけクレジットカードを持参します）。どうしても買いたいならば、ATMで現金を引き出せば買えます。けれども、「財布のお金が足りない」と思うと、購買欲に「待った」がかかったのです。

それでもまだ、未練がありました。そこで、冷静になるために、いったん店を出ました。スマートフォンで販売を確認すると通販で扱う店が見つかりました。そこで「通販で買うこともできるし、また買いに来ることもできる。今日は見送ろう」と考えました。

ところが、それから5分経過しただけで「外ポケットがないものは候補外」という当初の条件を思い出しました。そもそも必要な条件に満たないので迷う以前の問題だったのです。ところがもし、財布に現金がたくさん入っていたら、そしてクレジットカードが入っていたら、お店の人に勧められたときに買っていたかもしれません。

つまり、「買える状態だから買おうとしていた」のです。もし、クレジットカード払い中心なら、きっとそのバッグを買っていたでしょう。「現金払い中心」で無駄遣いを回避できた例です。

このように、「必要」または「本当に欲しい」ではなくお金を使うことを娯楽にしている時があります。現金なら手持ちの範囲で抑止力がかかります。けれどもクレジットカードなら制限がかかりにくくなります。

無駄にお金を使わないコツがひとつあります。それは、お金の出口をできるだけ狭くすることです。現代は、お金の出口がひとつではありません。銀行振り込み、引き落とし、クレジットカード、電子マネー、プリペイド式カードなど多様な「出口」があります。

もちろん、「カード」類も的確に使う分には問題ありません。現実問題として、現金を持ち歩くことは防犯上の問題がありますし、海外などでは現金より圧倒的にクレジットカードの方が安全に使える確率は高いでしょう。また交通系電子マネーなどの利便性は相当なものです。

けれども、「カード」と名の付くものの扱いには注意する必要があります。大変便利ですが数字が行き来するだけなので「使っている」実感が湧きにくい欠点があります。適切に活用するなら構わないのです。けれども基本的に「カード」はお金の出口です。「今時、現金で支払うのは格好悪い」とか「クレジットカードでスマートに支払うことが格好良い」というイメージに乗せられる必要はありません。

確かに現金の決済は時代遅れかもしれませんが、面倒だからこそ「使う前に考える」「使うことを実感する」メリットになります。特にお金に関することは、不便である方が支出を制限しやすいという効果もあるのです。

クレジットカードは本来、借金です。必要な借金もありますから、一方的に否定はしません。ですが苦労して得たお金を湯水のように使ったのでは何のための労力かわかりません。意味のない使い方をしないことが大事です。

038 浪費をしていないのに、お金が足りなくなる人の10の特徴

贅沢をせず、まわりの人と同じような生活をしても家計が大赤字になることがあります。例えばAさんは、親しいママ友さん宅が自分の家と同じ経済力と勘違いをしてしまいました。子供の塾、習いごと、旅行、と気が付けば大幅な赤字だったのです。ところが丼勘定だったため赤字に気付くのが遅れたようです。

このように、普通の家庭が大赤字になることが増えているそうです。それはパッと見た目ではわかりにくい身内の資金援助の差や、「子供には人並みに周囲と同じレベルにしてやりたい」という「錯覚の思いやり」です。このようなケースは「子供のため」と一見、思いやりにあふれた形をしているので自分では浪費に気付けません。また、実は見栄の側面があるのに、そうだとは気付きにくいのです。

◎贅沢をしていないのに、大赤字になる人の特徴

1. 所得に対して住居費が高い（家賃、住宅ローン）
2. 持ち家のリフォーム、メンテナンス、庭に過剰な支出をしている
3. 所得に対して住んでいる地域が高所得層
4. 自動車を2台以上所有している
5. 所得に対して教育費の割合が高い（塾、習い事、私立校など）
6. 数千円程度の服やバッグを頻繁に買う
7. 国内旅行、外食の回数が多い
8. 顔が広く、様々な交流の場に出席している
9. ダイエットに興味がある
10. アルコールが好き

もう少し詳しくみてみましょう。

1. 所得に対して住居費が高い（家賃、住宅ローン）

一般的な目安として、住居費は収入の30％以下が妥当と言われています。住宅ローンの借入限度額の目安は、年収４００万円以下では30％以下、４００万円以上では35％以下とされています。けれども、借りられる額と、無理なく返済できる額は違います。住宅ローンは「無理な

く返済できる額」に設定することが必要です。

家賃や住宅ローンは一度開始すると、無条件に支払いが発生します。何となく外観や内装が気に入ったからと決定すると大変です。

収入に対して30％以下の住居費でも単身世帯、夫婦だけ、就学中の子供がいる4人家族では、それぞれの支出が違います。住居費は毎月延々と発生します。

「健全な支出のパーセンテージ」は各家庭により違いがあります。「30％以下だから大丈夫」と思っていると、家計を圧迫します。必ず世帯の支出をすべて計算して先の支出の予算を含めて考慮します。この場合「何となく」仲の良い友人の家庭を参考にしてはいけません。よく知っているつもりでも他の家庭の経済事情はわからないのです。実は収入が多いことも少ないことも、実家の資金援助があることも、他に副収入があるなど目には見えないことは多いのです。

2．持ち家のリフォーム、メンテナンス、庭に過剰な支出をしている

戸建てに住むと、近隣に同じころに新築した家が多数建ちます。するとメンテナンスが同じ時期です。この時、注意が必要なのは「見栄」です。例えば屋根の塗り替え、壁のメンテナンス、外構工事などを行う時に「ご近所よりも見栄えよく」「ご近所もしているから我が家も」のように競争意識が働くことです。

また、メンテナンスの時には「こちらの高い方法で施工すれば、当分メンテ不要でお得です

よ」というセールストークに注意です。家計の状況を把握せずに契約すると途端に家計を圧迫します。企業にたとえれば、何も考えずに多額の設備投資をするようなものです。

技術は日々進歩しています。ですから、数年後には、もっと安くて良い技術が生まれるかもしれません。この他、節約のイメージがあるＤＩＹ、ガーデニングですが、実は結構な支出を伴います。たとえば、テレビで見た「スノコとカラーボックスを利用した簡単な手作り家具」では、スノコとカラーボックス以外に細かい材料が必要です。簡単な家具でも実際に作れば1万円くらいかかります。手作り家具は高くつくのです。それでも仕上がりが上手なら良いですが、すぐにゆがんだりと思ったようにはいかないものです。既製品を買って組み立てる方が失敗なく確実に使えます。

また、ガーデニングもお金がかかります。1株300円の花の苗を3個買って「たかだか千円」と思ったら大間違いです。それを植えるための土、肥料、消毒剤、プランターなどを買うとあっという間に1万円近くが出ていきます。そして草花は一つ植えると次も植えたくなります。一見、手ごろな価格の草花でも、いざガーデニングをしようとすると、かなり費用が発生します。楽しみを否定はしませんが、予算を決めないで行うと家計に影響を与えます。

3. 所得に対して住んでいる地域が高所得層

高所得層の地域に住むと様々な支出が跳ね上がります。スーパーの価格帯、主婦同士で行くランチの価格帯、奥様たちの普段着のレベル、ちょっとした会話の「普通」の経済感覚が違います。もちろん、住環境は良いのですが経済的に無理をする機会が増えます。

4. 自動車を2台以上所有している

自動車は子供が小さい、車がないと不便、といった理由で持たざるを得ない場合はあります。「家賃、または物件の価格が手ごろ」に魅力を感じたとします。ところが「手ごろ」「安い」には理由があるのです。不便な立地の場合住居費が安く済みますが、その分、交通に関する別の支出が増えます。例えば、「大人1人に車1台必要になる、子供の送り迎えが必要になり、ガソリン代がかかる、何とか公共の交通機関を併用しても、その交通費も余計にかかる」などです。送り迎えに親が時間を奪われて疲労することもあります。疲れると、つい惣菜や外食、割高な半調理品に頼ってしまうことがありますので注意が必要です。

5. 所得に対して教育費の割合が高い（塾、習いごと、私立校など）

「子供にはできるだけのことをしてあげたい」の親心はわかります。けれども分相応にしなければ、この先困ることになります。子供が進学する前に教育費が不足するかもしれません。最近は奨学金が問題になっています。卒業後に思ったような収入がなく返済が生活を圧迫する例が増えているそうです。若いうちから実質、借金を抱えて負担になる例です。

教育費の「普通」は住む地域に大きく影響されます。富裕層の地域では多くの人が高額な塾や習いごとに通わせています。また、当人たちはそれほど収入が多くなくても、子供から見て祖父母が資金を出しているなど、目立たない裕福さもあります。

6．数千円程度の服やバッグを頻繁に買う

数千円のバッグも、個数が多ければ数万円と同じ支出です。家計の負担を考え安い物を買ったつもりでも、トータルではブランド物のバッグを買える金額に達します。「ちりも積もれば山となる」です。買い物は、ある程度の長い期間を視野に入れて予算を決めるようにします。

7．国内旅行、外食の回数が多い

リッチなイメージの海外旅行、それに対して堅実なイメージのある国内旅行です。もちろん「費用のかけよう」ですが国内旅行は割高です。遠くに行かずとも、一泊旅行でも費用はかかります。「普段は節約をしてお金を貯めて旅行に行く」など、的確な予算の範囲であれば問題ありません。ですが何となく「連休だから」では、あっという間に大金が飛びます。

8．顔が広く、様々な交流の場に出席している

人との交流は楽しいものです。人の交流自体は良いのですが、意図を再確認する必要があります。家族ぐるみの交流になれば、冠婚葬祭、入学、進学、誕生日など様々なお祝い事などの出費が増えます。それ自体を否定することではありませんが、負担に感じているなら少しずつ縮小することを検討します。ときに「誘いを断ること」も必要です。

9. ダイエットに興味がある

ダイエットも費用をかければキリがありません。エステ、ジム、サプリメント、健康食品など多様です。本来ダイエットは健康な体をもたらすものです。ところが単に見た目のスリムさを中心にして「ラクして痩せる」などを期待すると、費用のかかるダイエットに傾きがちです。基本は、「基礎代謝と動くために必要なエネルギー以上に食べない」ことです。ところが「好きな物を飲み食いしたいけどやせたい」と思うから、次々といろいろなダイエット法のカモになるのです。本来ダイエットの基本はシンプルです。そしてやせることが健康につながらなければ意味がありません。

10. アルコールが好き

食事をするたびにアルコールを飲まずにいられない人は飲食代が高くつきます。付き合いも増えやすいのです。

見栄は高くつきます。実際より良く見せようとすると費用がかかります。もっとも、見栄の全てが悪いわけではありません。見栄は社会に対して必要な体裁もあります。外見を整えることが良い緊張感をもたらし、自分を律する役割もあります。

逆に良くない見栄もあります。それは意図が不明な見栄です。支払い限度を超えた無計画な支出がその中のひとつです。一見、普通の支出も良くない見栄が絡むと途端に大赤字の道にはいります。実際にお金を使うこと以前に、どんなきっかけでお金を使おうとしているかが重要です。

039

1円玉を置きっぱなしにするとお金が不足する

その辺に1円玉を置きっぱなしにすると、お金が不足します。どんな大金も、元は1円です。

もっとも、「お金」には本来、明確な実体はありません。あくまで人が作ったルールです。

1円玉そのものに、1円の価値があるわけではありません。それは1万円札でも同じです。

とはいえ、現代日本の場合は、とりあえず1円玉には1円分の価値があることになっています。だから「丁寧に扱う」ことは対処方法として必要です。

人が風邪をひくのは、体を冷やすことだけが原因ではありません。風邪の原因を「これ」と特定することは難しいと思われます。難しいけれども風邪の症状を和らげて、風邪をひきにくくすることはある程度可能です。

普段から、身体を冷やさない、疲れをためない、適度な休息、睡眠をとるなどです。日々、こまめに注意を払うことの積み重ねが風邪をひきにくい身体を作ります。そして長年のこまめな習慣が、「年齢を重ねても健康である」状態を生みます。

そしてお金も健康と同じです。日々の小さな積み重ねが大事です。「たかが寝不足」と睡眠時間が不足したまま日々を暮らしていると、2、3日ではなんともなくても、ひと月くらいしたときに、急に風邪をひいて寝込む羽目になります。お金も同じです。「たかが1円」と1円の価値を軽んじれば、「気が付けば金欠」などの症状が現れます。

1円の小さな貨幣であっても、1万円札と同じように扱うことが必要です。その辺に置いていなくても、財布に小銭をたくさん入れっぱなしだったり、コンビニで小銭を捨てるように募金箱に入れたり（募金すること自体は良いことです）しないことは自分のためです。

現代日本では、1円玉には1円の価値が認識されています。皆が「これには1円の価値がある」と認めるからです。一方で「これは単なるアルミだ」と皆が言い出せば、その瞬間から1円玉は1円の価値を持ちません。厳密には、お金にはこのような原理があります。

とはいえ、100万円も1円が基本です。そ

れ以上の金額でも同じです。1円以上の金額を手にしたいなら1円をおろそかにはできません。額面の違いがあっても目的は同じものだからです。実際は額面によって買える物もできることも差があります。けれども「何かができる」という効力が発生するのは同じです。

確かにお金より大事なことはあります。けれども、お金によって望むことを実現しやすいのは事実です。そして少ないより多い方が選択肢も広がります。

040

「考えない節約」5つの方法

現在、家計簿の記帳は3ヶ月に一度程度です。しかも家計簿アプリに入力するだけです。それでも毎月の生活費は一定しています。特に節約らしい節約はしていません。食品は必要な物を買い、ちょっと高い食材も必要に応じて買います。欲しい物があれば買います。ちょっとしたコツで我慢を強《し》いなくても面倒なことをしなくても家計は一定します。

1．食事のリズムを整える

食費は不摂生をしなければ、一定の支出になります。外食の機会には普段の食事に近い物を選択するなど、体に負担のかかるメニューを選ばないようになります。

以前は「美味しい話題のお店」を見かけると「行かないと損」と思っていました。また、外食では「おしゃれなお店」を見つけることが中心になることがあります。けれども現在は店の印象よりも「健康的なメニュー」であることを意識しています。「それでは、つまらないのではないか」と思うかもしれませんが、重要なのは余計なものを食べないことです。

2. 余計な日用品を使わない

例えば化粧品の場合、「化粧水と乳液と美容液と保湿クリームと化粧下地」が必要だと思えばどうなるでしょう。買うためのお金、買い物の手間、メイクの手間、整理整頓の手間、が5個分必要です。これに対して化粧水と乳液だけの場合は2個分で済みます。

洗剤、シャンプーとリンス、トイレットペーパー、ティッシュ、石鹸などの日用品は、いつも同じものを買います。そうすると「もっと良い物がないかな」と探す手間が減ります。セールを狙わなくても最終的には平均的な支出となります。

3. 現金払いを基本にする

もちろん、今の時代において現金払いだけでは無理があります。クレジットカードや電子マネーその他の決済手段も良い利便性があります。一方で、現金払いを中心にすると無駄遣い防止には効果的です。現金は「使っている」実感が強く湧くからです。

お金のやりとりに数字だけが行き交う手段が増えています。利便性が高く現金払いだけでは無理があります。けれども部分的に使えば無理なく利用可能です。現金払いでも無理がないのは主に「やりくり可能な支出」です。例えば食品、トイレットペーパーや洗剤などの日用品、洋服代などです。

4．現金は一定期間分をまとめて引き出す

「手元に現金があると使ってしまう」からと、ちょこちょこATMに行くとかえって支出が増えます。何度もATMに行く癖があると本来、限度がある自分のお金なのに「無限にお金が出てくる装置」のように錯覚してしまうのです。それよりも、期間中に必要な分をまとめて引き出し、計画を立てて使います。ATMに行く回数を減らす方が無駄がありません。

5．他人と比較をしない

「誰かを参考に」したくなるでしょうが、自分と全く同じ暮らしの人はいません。また、誰であろうと優劣はありません。基準は自分です。昨日の自分、ひと月前の自分、一年前の自分、というように。比較をするのは自分であり、他人の様子ではありません。

節約といえば、光熱費や食費についての方法が浮かぶのが普通です。確かに無駄な使い方をしないようにする必要はあります。

でも意外と原則はシンプルです。あれこれ食べようとしなければ、自然と食費が減ります。

何か一つをシンプルにするとそれに伴って、様々なことがシンプルになっていきます。

お金の支出も同じです。シンプルに暮らすようになると、あれこれ考えなくても支出が減っていきます。

第5章

買い物をシンプルに

041

100円ショップには「時間」を買いに行く

100円ショップは、時間を買いに行くところです。

「あれは、どこに売っているんだろう」と迷った経験はありませんか。

仮に売っていても「500円くらいかと思ったら1000円くらいの品しか売っていない」ことがあります。

そこで100円ショップの出番です。いろんな分野の品が税抜き100円です。あちこちの店を探し回る時間と手間が少なく済みます。

このように「安さ」とは、単に財布から出ているお金の問題ではないのです。最近、通販レビューなどでは「コスパが良い」という物言いをよく見かけます。けれどもコストパフォーマンスとは人それぞれによって目的とするものが違うのです。

042 100円ショップには「コンパクトなもの」を買いに行く

またある時には、100円ショップに「コンパクトなもの」を買いに行きます。「100円ショップ仕様」ともいえる、通常よりコンパクトな製品です。「通常サイズでは、なかなか使いきれない」「滅多に使わない」時に重宝します。例えば、最近購入した防水スプレーと円滑スプレーの容量は70㎖です。通常の商品は300～400㎖容量が500円前後で販売されています。ですから、「100円ショップ品だからお得」というわけではありません。大量に使う方は、通常品を買う方が安上がりです。けれども、我が家の場合は、防水スプレーや円滑スプレーは少量で十分です。大容量サイズを買っても使い切れません。腐るものではありませんが、前回は使い切るのに数年を要しました。このようなものは数ヶ月で使い切る量の

ほうが保管も簡単です。特にスプレー製品は、処分しにくい品です。だから、いざというときには処分しやすいように少量サイズを選ぶのです。我が家では基本、スプレー製品の「購入禁止令」を発しています。同じ用途でスプレー以外の製品があれば、そちらを選びます。例えば整髪料はヘアスプレーやムースではなくヘアワックスを選びます。

100円ショップのイメージは「安い」「節約」ですが、それだけではありません。「使い切れる、コンパクトな容量の物を買いに行く」場所でもあるのです。大容量サイズや2個セットなどは使用頻度が高い人には確かにお得です。でも、そんなに使わないならば、短いサイクルで使い切る方が適切な管理ができます。

043 送料が割高な物はネットスーパーで買う

ネットスーパーをもっと活用しましょう。「米、トイレットペーパー、ティッシュ、飲料」等の重くかさばるものだけではありません。

ネットスーパーからぜひ、調達したい物は次のものです（各店舗により、扱いには差があります）。

1. コピー用紙

コピー用紙は持ち歩きにくく重いものです。そうかといって単価が低いので通販では送料が割高です。その点、ネットスーパーでは安価な価格の用紙も必要分だけ注文することができます。我が家で買うのは500枚、A4サイズで300～400円くらいの品です。けれども持ち帰るのが一苦労です。そこでネットスーパーで他の買い物のついでにすれば、送料も余計にかかりません。

2. 文具類

文具は、細かい買い物です。そのため、しばしば「買い忘れる」ことがあります。ところが文具売り場は、たいてい二階以上にあります。一見、手軽な買い物ですが手間がかかるのです。その点、ネットスーパーなら、ボールペンを買うためにわざわざ食品売り場以外のフロアに行かずに済みます。

3. 電球、蛍光灯など

蛍光灯と電球を使っている箇所があります。照明器具の電球、蛍光灯もたいていは食品売り場と違うフロアです。「そういえば、電球が切れていたんだった」と、出先で思い出しても型番がわからないと買えません。その点、自宅で型番を確認すれば間違えません。また、照明器具の蛍光灯など、大きい物は割れ物ですので家に持ち帰るまで扱いに気を遣います。もっとも、最近はLEDが主流になっているので、あまり機会がないお宅も多いかもしれません。ですが、

「長年気に入っている照明器具を使っている」「電球の灯りが好き」など様々な事情で蛍光灯や電球を使っている人もいることでしょう。

4. お遣い物の菓子

ちょっとしたお遣《つか》い物用の菓子を買うのもありです。念のため、自分が買ったことがある知っている品にすることと、親しい間で利用することが前提です。持ち帰る時、箱や袋をきれいな状態で持ち帰るのは意外に大変です。それにかさばります。

何かあればネットスーパーの要望記入欄に必要内容を書きます。私が購入した物は、きれいに包装されていましたし、手つきの紙袋も添えられていました。

手土産だけではなく、家に来た方へのちょっとしたお土産に利用したことがあります。

「スーパーでお遣い物を買うの？」と思うかもしれませんが、ネットスーパーを展開しているのは、たいてい大手スーパーです。大手スーパーには、有名な店や、地元の菓子店が入店しています。十分、失礼なくお遣い物に利用できるのです。

5. 靴下、タイツ、ストッキング

靴下などをうっかり切らしたとき、ブラック無地の靴下や定番のタイツ、ストッキングならネットスーパーで注文すれば便利です。靴下を買うためだけに食品以外のフロアに行くと時間を無駄にします。

6. タオル

日用使いのタオルなら、（10枚ひと組など）ネットスーパーで買います。

7. フライパン

予めスーパーで現物を確認すると間違いありません。フライパンは意外に重くかさばる買い物です。

8. 洗濯ハンガー

このようなものもかさばります。そのため、直接持ち帰ると他の買い物がしにくくなります。そこでネットスーパーを利用します。他の買い物のついでに注文します。

9. クリーニング

10. 換気扇などの掃除

自分でクリーニングに出す衣類は手間ですが、最近のネットスーパーはサービスが充実しています。店舗により扱いは様々ですが、例えば換気扇掃除、浴室掃除などの扱いがあります。こうした業者には見知らぬところとなれば不安があります。でもスーパーが窓口となる安心感があります。業者を決めかねている時に良いのではないでしょうか。

上手に利用すれば、買い物の時間と手間を減らせます。買い間違いなどのアクシデントも予防できます。持ち帰りにくい物、探しにくい物は、精神も疲労します。ゆったり過ごすために、こうした物も注文すると無駄がありません。

044
旅行で買い物を楽しまない

旅に出ても結局は買い物が中心になってはいませんか。とかく体験や景色などを楽しむというよりも土産物店で「何を買うか」ばかりになりがちです。

現在、観光地でなければ手に入らないものは滅多にありません。もちろん、それも楽しみのうちでしょう。けれども、どこに行っても買い物がメインになってしまいます。

そこで提案です。思い切って「何も買わない」と決めて一日過ごしてみるのです。もちろん、おなかが空いたら飲食店に入り、「どうしても買って帰りたい」と思う物があったら買うのは構いません。ですがはじめから「買う」ことを目的にするのをやめてみるのです。すると「何か買わなくては」という焦りから解放されます。

その場所に来たことが大事なのに、買い物が曖昧な過ごし方をもたらします。

また、ありがちなのは、ミュージアムで安易にポストカードを買ってしまうことです。もちろん、大好きで楽しむのなら良いのです。けれども友人は、「行くたびに買ったポストカードがものすごい数たまっている。でも、何に使ったら良いかわからない」と言っています。確かにポストカードは安いしかさばりません。その日見た感動を記念にしたくてミュージアムショップなどで買ってしまいます。

けれどもその日見た感動は、記憶にとどめておけば十分です。「せっかく来たから、何か買わなくては」と思わなくても良いのです。気に入ったならば、またその場所を訪れればよいのです。たとえ遠くて旅費がかかろうとも、自分が「もう一度行きたい」という思いがあれば必ず機会は再び訪れます。

045

服はマイナス思考で選ぶ

洋服の買い物は迷います。理由はシンプルです。「選択肢が多すぎる」のです。洋服選択のポイントは「コスト、サイズ、デザインの傾向」です。

◎洋服のコスト

避けて通れないのは「コスト」です。「どの程度まで洋服に予算を出せるのか」、それを決めます。全体の予算を決めたら、その内訳を決めます。おしゃれ上級者によると、おしゃれの予算はメリハリだそうです。「千円のカットソーを着て5万円の靴を履く」というように。でも、それはおしゃれ上級者でないと難しいワザです。ヘタをするとメリハリではなく、ちぐはぐになります。

おしゃれのメリハリは難易度が高いので、シンプルに徹します。「思い切ってお金をかける」。または、「徹底してお金をかけない」、この2択からスタートします。すると、お金をかけると決めたなら、リーズナブル系の店は除外されます。かけないと決めたならば、高額店は除外されます。予算の方向性を決めるだけで選択肢が減ります。

◎洋服のサイズ

サイズが合わない服は、当然ですが除外されます。

「サイズで妥協しない」ことも「除外する条件」になります。この場合、「着映えするサイズ」が重要です。「着られるけれど大きい」とか「着られるけれどピチピチ」は「妥協の産物」となり、選択肢を増やします。「サイズが合わなければ買わない」と決めておけば、安易に服を買えなくなります。

◎洋服のデザイン傾向

次はデザイン傾向を定めます。芸能人、著名人にはヘアスタイルから服装まで傾向を一貫している方がいます。いつも同じ傾向の装いでもおしゃれが可能な例です。そのためには利用する店を限定するか、デザイン傾向を定めてしまうことも方法です。

・店が想定する年齢層に従う

店が想定している客の年齢層を見極めます。選択肢を絞るというよりは「服装の傾向をブレさせない」とも言えます。「本当は、若い人向けだけど、使えるアイテムがある」というように、自分の年代と違う店は選択肢を増やします。自分の年代にあった店だけに絞ります。

・買わない色、柄を決める

買い物では消去法で除外する服を見定めます。それには色、柄の消去をします。「この色は買わない」「この柄は買わない」。黒を買わないと決めたなら、店頭に並ぶ服のうち黒は除外します。「ボーダーは買わない」と決めたならボーダーは除外します。世の中に出回る服のうち「これは買わない」選択肢を決めてしまえば迷いが減ります。

服を選ぶとき、しばしば「これが素敵」とプラスする方式で決定しがちです。けれども世の中に出回る服は多すぎるのです。「買わない服」を見定める方が的確でブレない決定を下せます。

046

便利な家電を選ばない

最近の家電は多機能なものばかりです。でも、機能の全てを使っているでしょうか。恐らく、その半分も使っていない人が多いはずです。

例えばパソコンはその典型です。購入当初は使わないソフトがたくさん入っています。携帯電話（スマホ）もそうですし、オーブンや洗濯機などもそうです。とにかくいろんな機能が付いていますが、実際多くの機能は不要なのです。

余計な物を持たないために、電子レンジやオーブンを持たずに暮らす人も出てきています。私も一人暮らし、もしくは夫婦だけか、家族全員が同時に食事をすることが日常であれば、そうした方法を取り入れたかもしれません。ですが、家族の食事には時間差があります。その都度、温め直したりするのでは、こちらが参ってしまいます。その辺は家電の力を素直に借りることにしています。

次に気になるのは、どのようなスペックの電子レンジやオーブンを選んだら良いかです。我が家では、結婚当初、電子レンジとオーブンが一体になったオーブンレンジを使用していました。ところがいろんな機能がついていますが全く使わない機能がありました。そんな折、夫が半年間の単身赴任で使用した、もらいものの電子レンジはシンプルでした。時間設定のダイヤル設定をするだけです。他は「あたため」「生もの解凍」の２つのボタンがあるだけです。これが想像以上に使いやすく、今でも使い続けています。

その代わりオーブン機能がないので、オーブントースターを別に使っています。これも「焼く」に徹したもので、それ以外の機能はありません。それでもクッキー、スポンジケーキ、手作りパンなども焼けます（最近は、めっきり作っていません）。

単機能の家電は、このように2台が必要になることがあります。けれども扱いやすさは抜群です。さらに丈夫で壊れにくく、手ごろな値段で手に入ります。デジタル家電も選択の余地があれば、なるべく単機能の物を選ぶようにしています。たとえば今使っているｉＰｈｏｎｅは、確かに便利ですが、使わない機能が多すぎます。次に買い替える時には、もっとシンプルな機能の物を探すと思います。

なにかを新たに買う時、「同じ値段なら、多

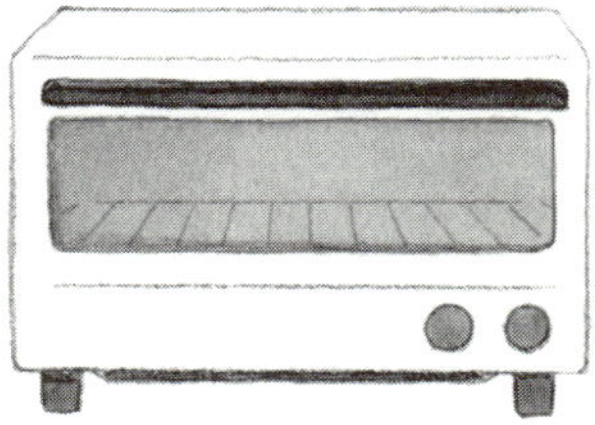

機能の方が得」と考えがちです。でも使わない機能を搭載したものは、使う時に惑わされますし、設定などの手間が無駄です。複雑な機能ほど壊れやすく修理も難しくなります。「より得な方」を選ぼうとして使わない機能を買う必要が本当にあるのでしょうか。昨日までクッキーを焼く習慣がなかった人が、多機能オーブンを買ったからといってクッキーを焼く人になるかどうかはわかりません。

047 着て着て着まくる春服の買い方

春になるとお店では一斉に明るく薄い春服が並びます。この時についつい、明るい色に誘われて買ってしまうとしばしば失敗します。

店内は暖房が効いていますから汗ばむくらいです。そのため、春の服を前にしても違和感を覚えにくいのです。そして明るい色を見ると、本能的に「買いたい」と感じます。ところが、日本の春は、寒い日が多いのです。日差しは明るく、4月に入れば関東地方では桜が咲きます。ところが桜が咲く時期は、「花冷え」というように、冬のように寒い日があります。

また、この時期には行事やイベントが多数あります。卒業式、入学式、お花見、送別会、歓迎会などがあります。プライベートの集まりも多い時期です。夜に飲み会が開催される機会も増えます。日中は暖かい日でも朝晩は冷え込む事が多い時期です。この時に、うっかり油断して薄着をすると寒くて大変な目にあいます。私も以前はこの季節に薄着をしてよく風邪をひきました。

さすがに最近は、「この季節は油断してはいけない」と警戒するようになりました。日本の暖かい春は一瞬なのです。

でも春には暗い色の服は重い感じがします。だからこそ、この気温と季節感のギャップに「何を着ていいかわからない」現象が起きます。

そこで春服の選び方です。それは「明日、必要な服」を選ぶことです。「暖かくなったら着る服」ではありません。「何を着ていいかわからない」季節になったなら、「明日、着たい」と思う服を選ぶのです。そうすれば失敗しません。

春先は冷たい風が吹くため、次のような服があると重宝します。

・風を通しにくい
・花粉、ほこりがつきにくい
・軽い
・明るい色

・丈はロングではないもの

具体的にはニットよりも薄手のコートです。室内ではニットも良いのですが、屋外では風を通すので寒いのです。花粉やほこりも付きます。ロングよりもハーフ丈など短めにすれば、軽やかさが出ます。色はブラック、ネイビーよりもベージュ、ライトグレーなどの明るめの色が良いです。

朝晩、晴れの日と曇りの日、風のある日は温度差対策をします。ポイントは「着ぶくれさせない」ことです。薄手のコートだけでは寒い時があります。そんな時は、かさばらない小物で調整します。

・インナーで調整（タイツ、ストッキングも含む）

・間に薄手のカーディガン

・首にストール

・手袋

洋服単体でシーズンの対策をすると、四季がある日本では服が何枚あっても足りません。

また、ストールを活用する際には、やや薄手の物が重宝します。そしてストールをかけると首まわりに立体感が出るのでコーディネイトのアクセントになります。

048 ユニクロで高額ブランド服を買う人

シンプルで着回しが利きそうなユニクロの服です。ところが不思議なことに、何枚かは「買っても着ない」服が存在することがあります。これでは高いブランド服と変わりありません。

◎ユニクロで余分に買ってしまう注意したいタイミング

①毎週金曜日の新聞折り込み広告が目に入る

新聞の折り込み広告が目に入ると、「安いから買わなくては」と焦りが出ます。最近は新聞をとっていない方も増えていますが、メルマガを登録すれば同じです。クーポンが発行されると「買わないと損」という気になります。

②店舗が至る所にある。入店のハードルが低い

全国、至る所に店舗があります。そのため、外出のついでに入店する気になります。また、店員がまとわりつかず、気軽に試着をしやすい雰囲気です。店に入ってしまえば、値段が手ごろな分、「せっかく来たから何かを買わなくては」という気になります。

③「どちらかひとつ」を選べないので「色違い」で余分に買う

ユニクロの服は多数の色違いが販売されています。そのため1枚に絞ることができなくなります。人は「どちらかひとつ」を選べない時、両方選ぶか、どちらも選ばないかの二通りの行動をとるそうです。ユニクロの店内の場合は「せっかく来たから、安いし両方買っちゃおう」となりがちです。

④「気に入ったから予備にもう一枚」

気に入った服がある時に同じ物をもう一枚以上買うケースです。値段が高い場合は不可能なことも、お手ごろ価格のために余分に買ってしまいます。

⑤「あれば便利」そうだから、ついで買い

本当はカットソーを買いにきたのに、店頭でカーディガンを発見。「何となく便利そう」と思い、ついでに予定外の服を買ってしまうケースです。

⑥ついでに「家族の服」をもう一枚

自分の服を買ったついでに、家族の服を買うケースです。自分の服だけを買うことの罪悪感を防ぐ意味の場合と、「安かったから何となく」買い足すケースがあります。

◎ユニクロで余分な服を買いすぎないコツ

1．シーズン初めに、服装計画を立てる

無計画が余分な買い物の原因です。家計管理に限らず服装も計画を立てれば良いのです。はじめに、どんな場所に行く予定があり、どういう服をどれだけ着なくてはならないかを検討します。次にクローゼットや衣装ケースの中と照らし合わせます。そのときに、不足するものがないかをチェックします。ユニクロで調達できそうな服があれば利用します。チラシやメルマガチェックは必要なものがあるタイミングだけにします。「それではお得な買い時を逃す」と思うかもしれません。ですが、「必要な時」に販売されていたタイミングで買うほうが結局は得です。セールでも余分な服を買えば出費は増え、物も増えます。

2. 買う物が決まっていない状態で入店しない

はっきりと買う物がある場合にのみ入店するようにします。何となく入店すると、価格が安いのでつい何かしら買いたくなってしまうからです。シーズンはじめに服の計画を立て、買い足す服は何かをわかっていれば、「便利そう」と思っても安易に買いたくなりません。

3. 自分の服は自分で買ってもらう

「買い物好きな夫と、買い物嫌いの夫」を比較すると、買い物好きな夫は洋服代がアップする傾向にありますが、自分で服を選ぶので妻はラクです。買い物嫌いの夫の場合、出費は増えませんが買い物を妻が担《にな》うことになります。さらに夫が買い物にさえ出向こうとしない場合、試着が不可能です。するとベストなサイズで着られません。服はサイズ選びで良くも悪くもなります。洋服は夫本人が買うか、一緒に買い物に行き試着をしましょう。

4. 色違いで複数枚買わない

本当は、1枚で済むのに価格の手ごろさから、つい色違いで買ってしまいがちです。色違いで買えばコーディネイトの幅が広がると思うことが理由です。実際は、合わせやすい色、似合う色、活用できる色は限られています。たくさんの色違いがあっても最善の一枚のように活用はできません。本当に、色違いで持つ必要があるかをよく考えるようにします。

5. はじめて買う服は、どんなに気に入っても1枚だけ買う

気に入ったために複数枚買いたくなることがあります。ですが、そこをぐっとこらえます。まずは1枚買って実際の使い勝手を吟味します。そして洗濯を繰り返し何度か着てみます。そのあと、間違いなく「買い足しても良い」と確信してから買い足しても遅くありません。万が一、売り切れていたとしても、縁がなかっただけのこと。服は今後もでてきますから、焦らなくて良いのです。

049
TV通販番組が「番組終了後30分以内」に「特典」を付ける理由

「番組終了後30分以内のご購入に限り！　なんと！　５千円引きにいたします！　お電話はお早めに！」

テレビの通販番組で、最近やたらと目にするようになった「番組終了後30分以内」というキーワード。なぜ、30分以内に買うと特典が付くのでしょうか。

それは「番組終了後30分以内の売り上げが多い」というデータがあるのでしょう。売り主にとってテレビショッピングは衝動買いを促すことです。映像が見えなければ忘れるからです。だから記憶が薄れない「番組後30分以内」が売れるか売れないかの勝負です。

・他の類似品と比較させない
・口コミレビューなどを調べさせない
・考えさせない
・冷静にさせない

買おうか検討している視聴者は、時間が経過するほど冷静になります。そして他の情報を見聞きする機会が増えます。また、「そういえば、似たような物が家にあった」と気付きます。家族からは「いらない」と忠告されるかもしれません。知り合いから「良くなかった」と情報が入るかもしれません。マイナスの情報が入り、買う気が失せることを売り主は避けたいのです。つまり番組終了後30分以内に情報を遮断しつつ冷静な判断をしないようにするのです。そうして「買う」決定をさせます。

口コミレビューが正しいとは限りませんが、どんなに良い商品でも必要ないものは無駄です。商品が良くても売り方と買い方に無理があれば、必要ないものを手にしてしまいます。その商品自体、生み出される過程では様々な資源や人の手を介しています。誰しも無駄なものと認識されるために生み出そうとは思っていないはずです（と、信じたい）。だからこそ、売る側も買う側も、冷静さと誠実さが必要です。「30分以内」にあおられる必要はありません。冷静に判断してからでも遅くはありません。

では、衝動買いを防ぐにはどうすればよいのでしょうか。それは常日頃から、買い物リストを作っておくことです。

普段から自分が何を必要として何を欲しいと思っているのかを知ることです。「必要な物や欲しい物なんて自分のことだからリストアップしなくても大丈夫」と思ったら大間違いです。自分のことはよくわからないものです。

例えば最近は皆スマホを使っています。通販画面で欲しいものを見つけたら、とりあえずスクリーンショットなどを撮っておくのが簡単でしょう。もしくはサイトの買い物かごにとりあえず入れておく方法もあります。

時々、見返して要らない物は削除。「必要で買うのは確実。でも、どのラインナップにするか迷っている」場合は迷う期間に期限を設けます。このようにすれば自分を客観視できます。

050 夫の服を妻が買わない

「もう、服は自分で買って」

そう夫に宣言しました。結婚以来、夫の服は私が買ってきました。本人が買い物をめんどうくさがったからです。けれどもそれは至難の業です。試着をしないで買い、似合うか、気に入るかわからない買い物は非常にエネルギーを消耗します。時に足を棒にして探し回ります。

自分の服でさえ何を買うかと迷います。ところが自分で選ばずとも、いざ買って帰れば夫にも「好み」があり「結局着ない」服が存在します。不思議なことにユニクロや無印良品などのリーズナブルな服は何度も着ますが、ちょっと奮発して買った服はほとんど手を通しません。結局、そろそろ買い替えてほしい服ばかり袖を通し、ますます生地が傷んでいきます。

おそらく、リーズナブルな価格の服は、ゆったりしていて着心地がラクなのでしょう。もちろんリーズナブルな服が良くないわけではありません。けれども場面に応じて「着たい服」ではなく「見られることを意識した服」が必要です。このように「どうしてもリーズナブルな服にばかり袖を通す」場合は「そもそもリーズナブルな服を持たない」方法もあります。「着られては困る」傷んだ服は「そもそも着られない」ように処分する荒療治が必要なこともあります。もちろん、自分で選んで買ってきた服をそんな風にはしません。

夫の場合は、これまで仕事さえしっかりしていれば洋服は二の次と考えていたのでしょう。確かにビジネススーツと靴やカバン、腕時計があれば仕事はできます。けれども、いずれも「自分で選ぶ」ことが重要だったのです。ところが私は、これまで夫の洋服だけではなくビジネスカバン、腕時計、ハンカチ、財布なども代わりに買い物をしていました。つまり本人が選ぶことをほとんどしてこなかったのです。

買い物が好きでしょっちゅう高価な物を買いたがる人よりは良いでしょう。けれどもそれとは別の意味で、たとえ妻でも選択を他人任せにすることは本人のためになりません。はじめは面倒で疲れる買い物も、自分で選ぶことを繰り返すうちに何らかの選択基準ができるからです。

たまに実家に帰省すると母から、言われます。「随分○○さん（夫）に気を使っているね」確かに私は夫が休日に疲れないようにと、洋服なども代わりに買い、「たまには一緒に出かけよう」と声をかけることにも躊躇してきました。それが夫の負担を減らす策だと信じていたからです。

けれどもどんなに小さいものでも、使う本人が選ぶことで「理由」が明確になるのです。それがビジネスであれば戦略になることがあります。

はじめは戸惑っていた夫も、最近は少しずつ身の回りの小物を自分で買いに行くようになりました。ときに「それを？」と思うことがあっても、「自分で選んだ」物を使うことが重要なのです。

051 無印良品週間で買う物が見つからないのはなぜか

「今、無印良品週間だけど何か買う物なかったかな？」と買う物を無理やり探そうとしている自分がいました。すぐに買う物が思いつかない理由は簡単です。買う必要がないからです。

それでも店内をめぐるのは「10％安く買う」という「イベント」に参加したかっただけなのです。セールで買った、得したと満足したいからです。それだけではありません。後から後悔するのが嫌だから、です。セール終了直後「無印週間で買えば10％安く買えたのに！」と地団太を踏みたくないからです。

「無印週間でこれを買いました」のようなブログの買い物レポを見るのは好きです。私も過去にブログでそういう記事を書いていたことがあります。もちろんレポを拝見すると、たいていの方は堅実な買い物をしています。消耗品か小さい雑貨です。皆さん「イベント」を楽しんでいるけれど無駄な買い物をしていません。それでいいんですよね。

無印良品の商品は種類が多いわけではありません。実は選択肢の少なさも魅力なのでしょう。通常、いろいろな選択肢から「選べる」のは良いことです。けれどもあまりに種類がありすぎて一つも選べないという現象も起きます。

無印良品は、どれを選択してもダサくなることがありません。だから安心して選べます。さらに選択肢が限られているので、迷うジレンマをあまり感じません。ところが無印良品週間のたびに「何か買うものなかったかな？」とチェックしていると、さすがにいつも買うものがあるわけではありません。

セールに関係なく必要なタイミングの方が良い買い物ができます。それもあって最近は無印良品週間を無視して買っています。セールだと思うと財布のヒモが緩《ゆる》みます。同時に通販では「あと〇円で送料無料」にしてやられますが、交通費と時間の分だと思えば良いのです。

052

有名スーパーに学ぶ、トマトをつぶさないで持ち帰る簡単な方法

「買いたい！」

「でも、持ち帰れないかも」

大きなLLサイズくらいのトマトが5個で298円！　スーパーの入り口に陳列されていました。自転車であれば、箱ごと買っても持ち帰ることは難しくありません。でも、その日は用事ついでの帰りに寄ったのでバスです。他の買い物もあるし、「これは、あきらめなくちゃいけない？」と思いました。

が、ふと思い出したのは少し前にテレビで見たスーパー「成城石井」のレジ包装の様子でした。成城石井のレジの袋詰めテクは、すごいのです。商品が壊れたり崩れたりしないように、限られたレジ袋の空間を最大限に生かしつつ、お客さんが持ち帰りやすいように袋詰めしてくれるのです。

イチゴなどの柔らかい物は、ポリ袋に入れ、空気を入れて風船のようにしながら口をしばります。すると空気がエアパッキンのようになり、イチゴが袋の中で他の商品とぶつかりません。これをトマトに応用すればいいと思いつきました（成城石井もトマトは同様にしているかもしれませんが、私がテレビで見たのはイチゴの例でした）。

箱に入ったトマトを一個ずつ袋に入れれば完璧ですが、さすがに時間がかかります。そこで2個、2個、1個で入れることにしました。結果、無事に潰さず持ち帰ることができました。

もちろん、トマトを複数買った時だけでなく、1個だけ買った時にも使えます。おまけにかさばる箱は、持ち帰らずに済みました。

この方法はイチゴ、トマトだけでなく、つぶれそうな商品全般に使えそうです。覚えていると便利な方法です。

第6章

生き方をシンプルに

053 雨の日はネットスーパーを利用しない

「何が何でも今日でなくてはいけない」

そんな買い物、本当はどのくらいありますか。例えば便利な「ネットスーパー」ですが「雨」とわかっている時は利用を避けます。

確かに、サービスを利用していけない法則はありません。料金が割り増しになるわけでもありません。けれども「雨が降っているなら」明日でも間に合いませんか。

「買い物に行こうとしたら雨。そこでネットスーパーに配達を頼んだ」

料金は同じなので「これで準備万端」なのでしょうか。確かに自分は満足です。けれども「出かけにくいから頼んでおこう」では両者のバランスが保たれていません。まず、雨の日はアクシデントの確率が高くなります。配達する業務を行う方はフットワークが落ちます。そして雨の日には荷物を濡らさないようにかなり気を使うことでしょう。

そもそもネットスーパー配達システムの多くは赤字覚悟のサービスだそうです。配達するのが物であり、配達する人も生身の人間である以上、どんなに気を付けてもアクシデントは起きます。滅多にないでしょうが、雨の日に不要不急の注文をしないことでアクシデントを回避できます。

思い出すのは２０１１年の東日本大震災の時です。当日は都心から徒歩で帰宅する人が多数道路を歩いていました。皆、先がわからないから「とにかく自宅に帰る」ために歩いていました。誰しも家族の無事を確かめたい。一刻も早く家族全員が集合したい気持は同じです。けれども、列の人たちには2種類の人がいました。「いますぐにでも帰宅しなければならない人」と「とりあえずは、職場や今の場所で待機しても問題ない人」です。

例えば前者の人は、小学生以下の子供が自宅で待っていたり、保育施設などに預けていたりする人などです。後者は「家族が健康な成人だけ」の人です。後者の人たちが帰宅を翌日以降にすれば、道路の混雑が軽減されます。すると家に子供を残している人が早く帰宅できます。ところが地震直後、そうはなりませんでした。結局誰もが多数の行列に混じって歩いていたのです。

自分の都合は誰にでもあります。「何が起き

054

物を減らさず手間を省く

るかわからない」状況ではありました。ですが、また違う状況下では、立場が逆転します。仮に自分が本当に困る状況の時、世の中が皆、「自分優先」では困ることがあります。今はたまたま、それが自分ではないだけです。「配達料金は変わらないから」と誰もが「いつでも構わない買い物」を頼めば、いずれ回りまわって自分の不利益になります。私一人が雨の日に配達を頼まなくても、世の中は多数、配達の車が行き来しています。

雨の日の不便で仕事が増え、喜ぶ業界の人もいることでしょう。タクシーなどが良い例です。そのようなケースを除き、少しの想像力は、お互いの利益です。「不要不急の配達」も相手に利益があるなら実行しても構いません。けれども相手に不利益があり自分にだけ利益があるなら、いずれ歪みが生じます。

そして「思いやり」といった歯がゆい言葉を使う必要もありません。「互いの利益のため」で十分です。そうすれば、素早く立場を超えてより良い結果を出すことができます。

物を使って手間を減らすか、手間を使って物を減らすか。

室内に物が少ないと掃除が楽です。探し物がなくなります。けれども家族で暮らしていれば、自分ひとりの価値観を押し付けることはできません。

例えば、「物を減らすか」それとも「手間を減らすか」を天秤にかけたとします。前者は手間が増えます。けれどもこの手間は暮らしの楽しみに気付くきっかけになることがあります。反対に手間が増えて大変になることもあります。後者（手間を減らす）の場合は、物に頼ることになります。例えば家電を取り入れて家事の「手間」を解消するなどです。

この場合、自分が苦手とすること、得意とすることを考慮して選択していきます。物を減らしていく中にあっても「物を使って手間を減らす方が良い」と結論が出る場合があります。例えば、最近の我が家のケースでは水切りかごの復活です。いったんは撤去をしてスッキリさせてみたつもりでした。けれども我が家のライフスタイルには不向きでした。そこで水切りかごを復活させた上に、２つ使用するという形式を選択しました。確実に物が増えましたが、食器洗い後の始末という「手間」からは解放されたのです。

このように物を減らすか手間を減らすかの基準は変化します。一般的な傾向に影響されるのではありません。自分がラクにできると思う方を選ぶことです。そうすれば日々の暮らしはもっと楽しくなります。

055

内面のガラクタを減らす5つのポイント

いつの間にか増えてしまう内面のガラクタについての減らし方を紹介します。

◎ガラクタを減らす5つのポイント

1. 言い訳をやめる

「言い訳」という「ガラクタ」を最初に手放します。ひたすら結果を出すことに徹します。そして、できなかった言い訳をするのをやめてみます。どんな出来事にも理由付けは可能です。

2. 受け身の娯楽をやめる

「受け身の娯楽」という「ガラクタ」を手放します。例えばテレビの画面の下にテロップが流れるような番組を観るのをやめてみます（外国語による字幕放送、聴覚に難がある場合は別）。重要なポイントは自分で判断するものです。文字が大きく表示される番組を観ると、自分で判断する力が失われます。

3. 人の悪口、噂話をやめる

「人の悪口、噂話」という「ガラクタ」を手放します。会話の中心が他人の悪口と噂話になっていませんか。どうせ人の話をするなら「評価すべきこと」を話します。評価すべきことは自分にとっても周囲の人にとってもプラスになります。そうでない話は誰の得にもなりません。マイナスの話はマイナスの話を呼びます。人の悪口、噂話ばかりが中心であると、口にすることでマイナス思考がより自分に強くインプットされます。これほどのガラクタはありません。

4. 他人との比較をやめる

「他人との比較」をして一喜一憂する無駄を手放します。世界中には多くの人がいます。たとえ、たまたま身近な人との比較に勝っても「上には上」がいます。また、安心するために下を見て安堵するということも何の意味もありません。比較するのは「以前の自分」です。

5. 相手によって態度を変えることをやめる

「相手によって丁寧になったり、横柄になったり」する行動を手放します。今回は相手より自分の立場が上であっても、時と場所が変われば逆転します。まわりまわって家族や身内が、いつどこでお世話になるかわかりません。そうではなくても、職業にも立場にも貴賤はありません。現代日本に身分制度はありません。立場の上下関係とは単に組織としての役割に過ぎません。例えば会社の上司と部下も立場は対等です。店の店員と客の立場も対等です。

ここまでの1〜5のガラクタを手放すことができれば、自然と物の持ち方にも変化が起きます。物のガラクタを引き寄せない。それには、自分の内面のガラクタを手放すことが重要です。

056 ユニクロは「フリフリ、ヒラヒラ、レース、リボン」から解放した

ユニクロがシンプルな服を発信するまで、女性がこうした服を探すのは一苦労でした。なかでもインナーはまさにその頂点にありました。人の、価値観はそれぞれです。本当は皆が皆、フリルやリボンやレースを求めてはいないはずです。

ところが買い物に行けば、要らない飾りがついたものばかりです。女性の身でも売り場は少しばかり気合い、勇気、そして敗北感をうっすら感じるのです。本当はシンプルな物で事足りるはずなのに、買い物する自分にも腹が立つのです。

外国では「カワイイ」と発する言葉が日本人女性を発見するコツだそうです。日本では大人になっても「かわいらしさ」が女性に要求されます。例えば「笑顔」がそのひとつです。「女性は愛嬌が大事」と言われます。ビジネスの場面でも笑顔は必須です。衣類にも「かわいらしさ」のニーズがあります。

かわいらしさとは何かと突き詰めると「幼い」ことです。そして「弱い」ことです。「幼く

て弱い」存在は見守るべき対象です。同時に自分よりも成長していない、つまり「劣っている」とも言えます。

本来、自立した女性が「かわいく」ある必要はありません。ところが不思議なことに女性自ら「カワイイ」を演出します。持ち物にも求めてしまうのです。それは「カワイイ」を全面に出すことで相手に優越感を抱かせられるからです。すると「見守るべき存在」として自分が庇護される側になれるからです。現実的には「丸く収まる」ということです。

ところがユニクロの服は「カワイイ」濃度が低めです。一部で安っぽいとか、地味とか言われています。けれども、「安い」という先入観がそう思わせているだけの可能性があります。ユニクロの服は物にもよりますが高品質でありながら、誰でも買うことが出来る価格帯です。

私が20代の頃、シンプルな服は、ある程度のお金を出さないと買えないものでした。手ごろな価格の服は、なぜか余計なデザインがほどこされていました。白いシンプルなカットソー1枚を探すのにも苦労しました。さらに店員の過剰な接客をかわす必要がありました。

そればかりか、インナーを手洗いすることが「女性らしさをアップする」という謎の理論がまかり通っていました。所詮は単なる洗濯です。型崩れせずに綺麗になればよいので、洗濯機に入れようが結果が問題なければ良いのです。

ユニクロのインナーは、第一見た目がスッキリしています。好きでもない、着たくもない、フリフリヒラヒラとは無縁です。そして洗濯機でどんどん洗えます。「お風呂場で優しく手洗い」からも解放してくれました。そしてそんな洗い方をしても全く劣化も型崩れもしません。

さらには「女性はレースやリボンを身にまとうべき」という暗黙のインナーから発せられる空気からも解放してくれたのです。着心地が楽になっただけではなく、そういう意味で内面からも楽にしてくれた功績は大きいのです。

057

「お気に入り」にこだわらない

最近は、「お気に入りに囲まれて暮らす」ことを理想とする傾向があります。けれども「気に入らない」物も、きちんと役に立っています。だから「気に入らない」物を憎まないようにしたいのです。思い入れがない物も、自分が手に入れたから手元に来ています。当初は「気に入って」手に入れていることもあります。

「好きな物だけを周囲に置き、気に入らない物を排除する」そして気に入る物には笑みを浮かべ、気に入らない物には冷たくあたる。あげく「ここが気に入らない」と憎々しげな感情を持つ。物に対してであっても、このような感情を持つことは危険です。

そもそも世の中は、自分を中心に回っているわけではありません。さらには、何にでも批判が中心になってしまいます。「お気に入り」の視点は、一方的な感情です。「これはお気に入り」と思いそうになったならば、その気持ちをひっこめるくらいでちょうどよいのです。腹八分目と言いますが、好きもそうでない感情も、極端に認めず「感情八分目」くらいがちょうど良いのです。

058

「傷んだ服を着るのは恥ずかしい」という価値観は、何かがおかしい

ユニクロ登場以前、Tシャツを買うのは「賭け」でした。洗濯をしてみないことには、首もとが伸びるか伸びないかがわからなかったからです。当時、夫が着ていたインナー用Tシャツは「すぐ首が伸びる」ことがわかっても買っていました。ところが最近は、価格が手ごろでも服は傷みません。そのため以前と同じようなペースで服を買い、処分もしないとなれば服が増えるスピードが早くなりました。

同時に、傷んでいる服を着ている日本人は見かけません。ちょっとでも毛玉ができていたら「恥ずかしい」という感覚が世の中全体にあります。現代日本では、たとえ洗濯をしてあって

も、毛玉があるだけで「着るべきではない服」になります。

私は以前、毛玉ができた服は処分をしていました。でも罪悪感が伴っていました。けれども片付けや断捨離ブームが起きてから、その罪悪感は払拭すべきこととされてきました。確かに多すぎる物は様々な弊害をもたらします。いったんは罪悪感を伴いながら処分を心がけました。

けれども、ちょっとした毛玉くらいで「処分が妥当」という空気の方が本来は異様であり、捨てることに罪悪感を覚える感覚こそが正常です。他に方法がないので、やむを得ないのですが、毛玉くらいで「着てはいけない」感覚は「何かがおかしい」のです。

この前買ったソックスには穴が開きました。「捨てよう」と思ったのですが、ゴミ箱の一歩手前で元に戻しました。穴が開いたと言っても、その面積はごくわずかです。ちょっと前なら「穴の開いたソックスは即ゴミ箱行き」でしたが、捨てずにそのままもう少し履くことにしました。そのソックスは家の中でしか履きません。寒い時期には室内でボアスリッパを履いています。だから支障はありません。縫えば完璧なのですが、とりあえず、そのままにしました。

さらに、部屋着兼ワンマイルウェアにしている服のうち、パンツがだいぶ傷んできました。2年ほど前に買ったユニクロのレギンスパンツですが、一年中履いています。寒い季節には下にタイツを重ねています。かなりヘビーローテーションしていますので、徐々に傷みが見え始めました。こんな風に、とことん着て、その結果傷みが出てくると、「手に入れた服をちゃんと活用している」満足感が湧きます。そして、何度も着ているということは、着やすく、なじんでいるということです。買って間もないころに傷むのは不本意ですが、たくさん着て傷みが生じる状態は、愛着が湧きます。

ただ、一つ問題があります。着る（履く）ことに関しては問題がなくても、見た目が劣化した扱いです。長く何度も着た服は、着心地が良いのです。普通に考えれば「捨てろ」ということになります。同時に「貧乏くさい」とも言えます。

でも、ここで、ふと疑問に思います。「まだ、履ける。気に入っている。しかし見た目が劣化しただけで処分をためらうことは、本当に『貧乏くさい』のだろうか？」ということです。

もちろん、人前に着て行くことはしません。

例えば左右を間違えて違う靴を履いてきた場合、これは恥ずかしいことでしょうか。普通の感覚では恥ずかしいことです。でも、左右違う靴を履いていたところで、誰に迷惑をかけるわけでもありません。また、おしゃれの一環でわざと違う靴を履いているのかもしれません。もしかしたら、何かケガなどの理由があって違う靴を履かざるを得なかったのかもしれません。そもそも、「両方同じ靴を履かなくてはいけない」という決まりがあるわけでもなし、人に迷惑をかけることでもありません。とすれば、これは別に恥ずかしいことではありません。ただ、気付いた人は不可思議に思うことでしょう。劣化した部屋着や穴の開いたソックスも、それと同じです。しいて言えば、それを見た人が「貧乏で服やソックスも買えないのだろうか」と邪推する可能性があることです。そもそも、今の時代、日本に限れば、ブランドの高価なものを持っている人が裕福であるとは限りません。反対に質素な格好をしている人が貧乏だとは限りません。劣化した服を着ている人が貧乏であったのは、過去の話です。

けれども、劣化した服を着続けるということは、今の時代、忍耐が必要です。買おうと思えば新しい服を買えるからです。そして傷んだ服を人前で着ると気になってしまうでしょう。だからこそ、「おかしい」という感覚を忘れないようにしたいのです。部屋着に限っては、ちょっと忍耐で「完全に着られなくなるまで着続けてみよう」と思ったのでした。

059 どうでもいいことは3秒で決める

買い物に行くと、「どれにしようか」と迷うことが多くありました。例えば、自販機で、「どの飲み物を買うか」「外食時のメニューで、どれを選ぶか」「パン屋さんのパンで、どっちのパンにするか」など。日常の至るところで「選ぶ」場面は存在します。Aと決めたのに、「いや、やっぱりBかな。いいえ、やっぱりC」というように、決定に至りにくいことがあります。

けれども、どうでもいい迷いは捨てることにしました。そのためにはちょうど良い練習台があります。自販機の飲み物や外食のメニューのような、失敗しても損害がないものは、「3秒で決める」のです。ウーロン茶にするか、緑茶にするか、水にするか、日常の場面で、どれを選んでもたいした違いがありません。仮にあとから「今はダイエット中だからウーロン茶の方が脂肪を落とせて良かったかも」と気付いても、その一本がすぐ影響を起こすことはありません。それよりも無駄に迷う方が損害です。その間にうっかり電車を一本乗り過ごすかもしれないし、後ろに順番待ちの行列ができているかもしれません。迷いは「Aを選んだあとでBの方が良かった」場合を恐れているからです。

けれども世の中の様々な出来事は、予測不可能です。だから、「どっちを選んでも実は大きな違いがない」ことがほとんどです。

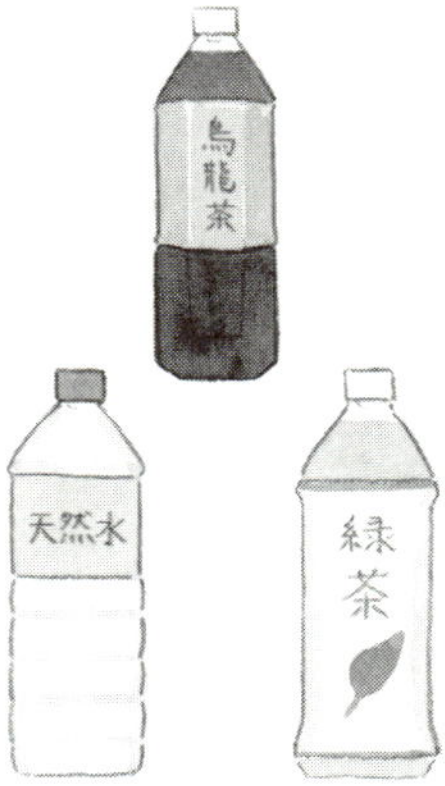

060

特別な日に物を増やしても何も変わらない

「特別な日」は、余計な物を増やしやすいので要注意です。私の場合、結婚がそのピークでした。自分が使っていた家具があるのに、婚礼ダンスセットを買いました。他には大きな食器棚やテーブル、家電や食器、タオルや靴磨きグッズ等の細かいものまで買いそろえました。

当時それらは「一生もの」のつもりで買ったものです。おそらく当時の私は、婚礼ダンスなどをそろえた最後の世代です。それから3、4年後になると周囲では「嫁入り支度」の概念は消えたようです。

「特別」には旅行なども含みます。「せっかく来たから記念に」のように、買い物をレジャーにしがちです。進学、就職、引っ越し、結婚記念日、誕生日、クリスマス、正月なども物が増えるイベントです。

普段は、無駄のないように買います。ところがイベントの特別感から、無駄と感じにくくなります。先ほど挙げた「嫁入り支度」では、しばしば「見栄」も買い物に拍車をかけます。地域にもよりますが、昔は持参品や目録を親戚やお客さんにお披露目する習慣がありました。すると「安い物だと思われてはならない」と過度に高価なものをそろえることもあります。

嫁入り道具に限らず他人の視線を意識するイベントは、しばしば「見栄」が交錯します。見栄は必ずしも悪いものとは限りません。相手を気遣う見栄もあるからです。けれども、単なる虚栄心から物が増えることもあります。今回の「特別な日」の買い物はそんな要素がなかったでしょうか。

061

普通に手に入る物で満足に暮らす

一時期は「凝るほど良い」という思い込みがありました。洋服にしても、小物にしても、雑貨にしても食材にしても、消耗品にしても、とにかくいろいろです。

とことんお気に入りを探す」ことを習慣にしたら、何も買えなくなってしまったのです。ある意味それは良いことです。けれども世間で売っている物は多くがオーダー品ではありません。何かしら「ここがちょっと理想と違う」と満足できない点があるのです。そんなことを繰り返していくと、確かに物は増えません。ですが、結局、それを買うまでに延々と店を探し回ったり、通販サイトを探したりと多大な時間と労力を使うことになるのでした。

そこで期限を設けることにしました。さらに、おしゃれ雑貨店などにはこだわらないことにしました。近隣で手に入る物の中から決めることを基本にしたのです。それは、雑貨に限らず、食品や洗剤なども同じです。通販でしか手に入らないものは、なるべく買わないことにしました。調味料も、凝りすぎるより、料理を作ることのほうが大事です。特殊な物を選ばなくても、十分納得いくものができます。凝り過ぎると、かえって不自由です。

料理の専門分野的に見れば違うのかもしれませんが、家庭料理も、日常の消耗品も普通のもので十分豊かに暮らせるのです。

062 「白黒はっきりさせない」で流される

故郷に帰るのは嬉しいことです。反面、その地域や、身内の独特の慣習や考えに戸惑う人も多いのではないでしょうか。

今だ、理屈では通じない習慣や考え、などが根付いているところがあります。確率的に女性の方が慣習に翻弄されます。自分の実家ならともかく、夫の実家では、戸惑いを覚えます。

「明らかに腑《ふ》に落ちない」ことでも、ビジネス同様の質問はヤボというものです。提案、意見をすると「余計なことに口をはさむな」ということになります。

結婚したばかりの頃は多勢に無勢《ぶぜい》、単純に数において劣勢に立っているのです。「勝ち目がない」状態です。

本来、勝ち負けの話ではないのですが、賛同する仲間がいなければ、正論も通りません。結婚して間もないころは、義実家の家族、親戚が圧倒的に多いのです。自分の年齢も若いのですから仕方ありません。まだ、仲間もいないうちから「この方法より別の方法の方が……」の意見は、どんな正論でも通じません。

すでに現代日本において、婚姻届を出し、「立場は対等」である夫婦です。でも実際は女性だというだけで「何も言えない」ことは多いのです。けれども心配はいりません。この傾向は、年齢とともに比重が変化します。同時に責任という負担も大きくなるということです。けれども人には誰しもできうる限界があります。それを超えることはできません。

女性の場合、義実家がらみの悩みは世の常です。切り抜ける秘訣は「何も考えない」に尽きます。所詮は他人同士です。当然、お互いが歩み寄るにはある程度の時間が必要なのです。裏を返せば、時間が解決します。渦中は「何も考えず慣習に従う、前例をなぞる」のが一番楽です。そのうち、こちらに主導権ができます。

最近はとかく「行動せよ」「意見を述べよ」みたいな風潮があります。けれども日本の多数は現実問題としてそういう言動を嫌います。ビジネスの場面では通用しますが、プライベートの身内間では古来の空気が勝ります。

「きちんとしなくてはいけない」と、ビジネスのように白黒はっきりさせることばかりではありません。互いの価値観の相違があるのはやむを得ません。時には相手にその分を譲ると割り切ることも必要です。その場面で譲ったとしても、他の分野で自分を発揮すれば良いのです。

063
「自分への見栄」は最初に捨てる

自分に対する見栄が一番手強いのです。裏を返せば、自分に対する見栄を捨てれば様々なことが改善します。

例えば、疲れて体調が悪く、調理の意欲が湧かないことがあります。ところがその日の気力を忘れて買い物をしてしまうのです。例えば、買い物かごには手間のかかる土付きサトイモ、ゴボウ、豚の塊肉、丸物の魚、生イカなど。スーパーに行くと自分に対して「手間を厭《いと》わない主婦」を演じてしまうのです。

帰宅して、夕飯の用意をする段階になると我に返ります。「ああ、どうしてさばく必要のあるイカや魚を買ってしまったのだろう」「土付きサトイモなんて、皮をむくのが大変なのに！」「レタスなら洗ってちぎれば出せるのに」「コマツナは洗って茹でないと食べられないのに！」というように、です。それだけではありません。和菓子を買わずに、白玉粉と小豆（乾物の）を買うといった調子です。白玉粉と乾物の小豆では、まず小豆を煮るところから始めないと食べられません。「帰宅したらすぐ食べたい」本音にフタをする自分への見栄が邪魔をしました。結局、年末でもないのに、小豆をゆでるところからスタートすることになります。

以後、「これ、本当に作るのが苦ではない？」と自問することにしたのです。そのうえで、半加工品なども状況に応じて買うことにしました。

「今日は、何にもしたくない自分」を素直に認めるのです。そしてやる気が出ない日があっても、罪悪感を持たないことにしました。その代わり、気力がみなぎっている時には手間をかければ良いのです。総合的にはそれで帳尻が合います。

「何が何でも完璧な手作り」を頑張っても家族は望んでいないことがあります。そうした「ゆるさ」を見せた方がほっとするのではないでしょうか。

064

物を手放す時は、お金に換算しない

物を手放す時に、「お金」に換算しても意味がありません。なぜなら、「売ったらいくらになるか？」とは常に他者に判断をゆだねることだからです。

なかなか手放すことを決心できない。けれども、なんとしても大半を手放さなければならない。そういう時、納得してもらいやすい方法が「お金の換算」であるだけです。

例えば、「どうみても不用品の山」を前にしてもまだ、「思い出」「不安」などを挙げる方がいます。このとき、決断できない相談者に対して、一番納得してもらいやすい方法が「お金に換算すること」であること、ただそれだけの意味です。

現実問題としてお金は必要です。けれども、自分に必要な物の基準は「お金への換算」ではありません。

けれども、市場価値と自分にとっての価値は同じではありません。１００円でしか売れない服の方が、５千円で売れる服よりも自分にとっては価値が高いことはあります。

市場の価値は市場が決めます。けれども売れる価格とは別に価値は自分が決めて良いのです。市場の価値とはつまり、多数の見解です。多数が「欲しい」と思う物は高い価格がつきます。「欲しい」と思う人が少ない場合は低い価格です。

たとえ値段が付かなくても、自分が必要性を感じれば、手元に残せば良いのです。その反対に、高い価格が付いていても、要らない物はさっさと手放して良いのです。

065

物を減らせば、「決めごと」が激減する

なぜ、物を減らす必要があるのでしょうか。それは突き詰めればコストの問題です。個人が物を管理しきれる量数には限界があります。たくさんの物を持っても支障がない人とは、管理

するのにふさわしい資金を持っています。その資金で保管場所や人員、整理、メンテナンスなどの費用を賄《まかな》っています。たくさん物を持っていても資金をたっぷり持っていれば誰かに管理を頼むことができます。そうであれば物はどんなに多くてもきちんと保管されます。

ところが個人でたくさんの物を管理するのには無理があって当然です。人を雇うわけではないので、自分で管理しなくてはなりません。当然、収納の方法や保存の状態に常に神経を研《と》ぎ澄ませる必要があります。物を持つとは本来、保管と管理も併《あわ》せることです。人に頼めないとなれば、自分で管理を考えなくてはいけません。当然「考えること」が増えます。人には思考に限界がありますから、多すぎる物は考えごとを増やし疲弊させるのです。

手元にあるうちは、その物のことを無意識レベルで考えなくてはいけません。けれども自分の手元を離れれば、もう考えなくて良いのです。物を手放すとすっきりするのは、思考から解放される側面があります。

第7章

「着る」をシンプルに

066

あなたは「かわいい系」？それとも「キレイ系」？

突然ですが、質問です。

あなたは「かわいい系」「キレイ系」どちらのタイプですか？

「え〜？　そんな自画自賛みたいな回答なんてできませ〜ん」と言わずに、正直に答えて下さい。

ファッション誌などでよく見る特集は「なりたい自分」の実現です。こうした選択は、やる気と努力と根気がいります。女性誌はそれを後押しするコツを紹介しています。「自分のイメージにとらわれて、あきらめてはいけない。魅力ある女性は、みんな努力をしています」ということです。

確かに努力は尊敬に値します。けれども女性誌では「もともと持っている自分」を生かす方法は、あっけなく無視されています。その証拠に、しばしば見かけるのは「なりたい自分」です。それはたいていの場合、現状とはまるで違う自分を目指すことです。

確かにおしゃれに努力は必要です。「かわいい」でも「キレイ」でも相応の手間暇が必要です。第一、清潔でなくてはいけません。第二に、客観的な印象を常に意識しなくてはなりません。第三に、時代に合わせた情報収集が必要です。そして流行に乗り、「経済的に不自由していない」ことを暗に知らしめる服や小物を身につけなくてはいけません。それには相応のお金が必要です。

もともと持っている自分を生かすことと、本来の自分とかけ離れた自分を目指すこと、難易度が高いのは後者、つまり「なりたい自分」の追求です。なぜ、女性誌の多くが難易度の高いほうを推奨するのでしょう。目的は明白です。その方がスポンサーである企業が儲かるからです。服や小物を買ってもらい、ダイエット食品や化粧品、旅行や習いごと、外食に興味を持ってもらう。道のりが険しいほどに女性はお金をたくさん使うからです。

女性誌を目にすると「あれが足りない、これも足りない」と不足感を抱きます。すでに服も小物もそれ以外の物も持っているのに、です。キレイな人、かわいい人でも、必ずコンプレックスを抱きます。人から見れば羨ましい容姿やスタイルでも、不満を持っていない人はいないでしょう。

その原因はどこにあるのでしょうか。それは、前面に出すべき箇所をおざなりにして、目立たせなければいい部分を頑《かたく》なに気にするからです。本来は同じ努力をするのでも「なりたい自分」を目指すより「自分の良さを引き出した方が手っ取り早い」のです。

自分と他人の視点にズレがある場合があります。成功率が高いのは他人の視点です。

仮に自分では「かわいい系」と思っていても他人からは「キレイ系」と思われていることがあります。その場合はキレイ系を目指すほうが成功率は高いのです。成功率とは、あまり余計な努力をしなくてもキレイ系としての魅力を出せるということです。

「他人の視点がわからない」時は、「過去に褒められたファッション」を思い出します。

かわいい系かキレイ系かを決めれば、迷わずに済むことがたくさんあります。ヘアスタイル、メイク、服、小物、靴、立ち居振る舞い……。

実は「かわいい」とか「キレイ」の基準は曖昧です。所詮はパッと見た目の雰囲気です。そして大事なのは本人がそのように振る舞っているかどうかです。

かわいい系かキレイ系かを決めたならば、あとは洋服も小物もその路線でそろえます。すると周りで「素敵だな」と思う物を見ても、「私はかわいい系」だから「キレイ系」のこれはテイストに合わない、だから魅力的だけど買わない、という結論を潔く出せるようになります。

あなたはかわいい系、キレイ系のどちらですか？

067 「服装的見た目が残念な人」は見慣れる

こういっては何ですが、「えっ！」と「見た目が残念な人」に会うことがあります。この場合の「残念」とは容姿やスタイルではありません。「身なり」です。「なりふりかまわない」ので「残念」になっているケースです。

現代は「お金がない」ことが「おしゃれできない」ことの理由にならない時代です。ユニクロ、GU、しまむら、リサイクルショップ、ネットオークション、フリマ、通販があります。服を安く手に入れる方法は無限にあります。ところが昔懐かしい色合いやシルエットのジーンズなどを着ている人を見かけることがあります。化粧っけがなく、スッピンに近い状態です。スッピンでも美しい人、古いデザインが「おしゃれ」な人はいます。ところが前述のかたはTPOとか、「何を着ていいかわからない」戸惑いなどみじんも感じさせません。自信満々です。「何が彼女に自信を与えるのか」は不明です。言いたいことはバンバン言うし、みんなの輪に臆せず入ってきます。

一方で、こんな人もいます。「容姿もスタイルも良くて、服装も持ち物もおしゃれで気を遣っている人」です。「おしゃれでキレイなのに」いつも一歩みんなの後ろにいる感じです。

前者のタイプの女性は初めびっくりします。が、いつの間にか「見慣れ」ます。最初に「えっ！」と絶句した第一印象がどんどん薄れていくのです。一方で、後者の女性の「おしゃれ」という第一印象と「容姿やスタイルの良さ」といったプラスの印象までが薄れていきます。

これは一体、どういうことでしょうか。幼稚園の送り迎えをする子供の母親、ご近所さん、同僚、のように毎日顔を合わせる間では、視覚的なことは見慣れるのです。いつも会っていると際立ち、印象に残るのは「言動」だけになるのです。服装やおしゃれは二の次になります。結局は堂々としている女性の言動だけが目立ちます。一方で、控えめな女性はルックスと服装のセンスが良くても印象に残りません。言動が控えめだからです。最終的に、どちらの印象が良いと映るでしょうか。「言動が常識的」の前提なら前者の女性です。不思議なことに。

これが未婚の集まりになると、また違う意味を持つのでしょう。けれども既婚女性の集まりになると、服装は意味を持たなくなります。

結局、堂々としていれば、「そんな感じ」にしか見えなくなってきます。欧米人女性は、恐ろしくふくよかな方が多いですが、みなさん堂々としています。「見た目が残念」と思うことはありません。ところが日本人女性は「人に何と思われるか」とビクビクしている節があります。

なぜ、このような現象が起きるのでしょうか。それはある程度の年齢を経過すると、一時的な視覚情報に惑わされなくなるからです。年齢を経てもいわゆる「おばちゃん」みたいに図々しい女性にはなりたくない。そう誰もが思うことでしょう。けれどもどんなに美しくスタイルが良く、洗練されたおしゃれをして性格が良くても、年齢が中年層以降であれば、周囲は「おばちゃん」としか扱いません。口には出しませんがそれが現実です。

若い時には、かわいいルックスで人気だった女優さんの多くは、今でも十分きれいです。ところが「若くない」というだけで「しょせんはオバちゃん」扱いされている様子をテレビで見かけます。日本の中の価値観は、それが現実です。

そして、その価値観に媚びるように、「見た目も若く見られたい」と若さに対抗するかのような姿は、努力というより若い世代への執着と無意味な対抗心に見えます。そもそもが、「若い女性」は本能的に崇《あが》められる存在です。それには元々の容姿もルックスもセンスもさほど関係ありません。それは生物としての本能です。本能に抵抗するのは無意味なことです。

だからオドオドビクビクしているおばちゃんほど格好悪いことはありません。多少、センスに自信がなくても「堂々としたもの勝ち」なのです。そうした言動は、若い年代では角が立ちます。けれどもある年代以降の特権とは「堂々としても不自然ではなくなる」ことにあります。

もちろん、好きにおしゃれを楽しむことは続けて良いのです。ＴＰＯや流行や季節に合わせ、服や小物の合わせ方を試行錯誤して「楽しい悩み」として受け入れます。けれどもそれ以上に大事なのは堂々とすることです。「この服って、おかしくない？」というように不安がっていると表に出ます。一番大事な装いとは「堂々とふるまうこと」です。

068 部屋着が変われば、生き方も変わる

部屋着には、あなたの価値観が反映されています。裏を返せば、どんな部屋着を着るかで現在を含めた将来と未来が変わります。部屋着が生き方まで変えてしまうのです。「たかが部屋着」と古くなった服の格下げを着るのか。「されど部屋着」と信念を持った部屋着を着るのか。この些細な分岐点が後に大きな違いとなって表れます。人によって部屋着の概念には大きな差があると気がつきます。

例えば、ある人にとっての、部屋着はパジャマに近いものです。「部屋着を買いました」というブログ記事に映っているのは、パジャマです。かと思えば、別の方の「部屋着」とは「スウェット」や「ジャージ」（スポーツ系の）を指します。ブログには、スウェットの上下やスポーツウェアの画像が出ています。また別の方にとっての「部屋着」とは丈の長いワンピース

です。また、別の方の「部屋着」は「ちょっとそこまで」なら外出可能なカジュアルウェアという感覚です。このように「部屋着」は各自の考えによって全く違う雰囲気の服を指しています。まとめてみると、

・パジャマ
・スポーツウェア、スウェット、ジャージに近い
・エレガンスウェア
・カジュアルウェア

というように、人によって感覚がいろいろです。さらに、人によってはパジャマと部屋着の線引きが曖昧な方もいます。

私個人は、就寝中に着る服と、日中、起きている時に着る服は分けたい派です。ジャージを部屋着にするのも、ヤンキー風な気がするので落ち着きません（私個人の感覚です）。いっとき、エレガンスウェアを部屋着にしようとローラアシュレイのワンピースを複数枚買った時期もあります。結局、そういうキャラではないので自然淘汰されました。

部屋着として落ち着いたのは、「ワンマイルウェアに近いカジュアルウェア」です。もちろん、パジャマとははっきり分けています。これは人前に出られる格好をしている方が、結局は合理的だからです。パジャマを着て、朝の朝食の準備を終えたら、シャワーとシャンプーをし

ます。すると半強制的に髪の毛を整えざるを得ません。同時に着替えざるを得ません。ワンマイルウェアを部屋着にしていれば、急に人が来ても躊躇せず出られます。すぐ外にも出られます。

反対に、一番お勧めしないのはパジャマと兼用の部屋着です（フルタイムで仕事をしていて帰宅時間が遅い人はこの限りではありません）。就寝中は汗を大量にかいています。子供がいる場合は特に注意した方が良いと思われます。というのも、「就寝中に着た服と起きている時に着る服が一緒でも良い」という習慣がついてしまうと、大人になっても「そういうもの」と思いダラダラしやすくなるからです。

我が家の場合ですが、子供には幼い頃から休日でも「朝起きたら必ず着替える」ことにさせています。着替えることで、オフタイムとオンタイムのメリハリがつきます。人は着ている物に、心境も影響されやすいのです。「ダラダラした格好で部屋にいる」と思うと自己イメージもそうなってしまいます。

特に部屋着は親の習慣が大きく影響します。子供が親から離れたあとも、その習慣をし続ける可能性が高くなります。

部屋着は「どうせ人に見られていないから何でもいい」と思いがちです。メリハリのない部屋着を着ていれば自分を「そういう人」と決めつけてしまいます。

反対にこの傾向を利用すれば良いのです。「最近、休日はだらだらして終わってしまう」そんな時は、朝、シャワーを浴びてすぐ外に出られる服装をするのです。すると自然に体が動きます。自然に動き出したら、次にあなたはどんな選択をするのでしょう。楽しみですね。

069 出番がない服は、何もあなたを変えない

洋服を減らす方法を紹介します。重要なコツは初めに全体を把握することです。進める順番は次の通りです。

1. 洋服の全体像を把握する
2. 必要な服の数を割り出す
3. 必要な服の数の分だけ、取り出す
4. 「3」以外を処分する

以上です。これ以上も、これ以下もありません。洋服を減らすことを必要以上に難しく考えるから減らせないのです。「簡単に選別できる」と肩の力を抜いてスタートします。

1. 洋服の全体像を把握する

この時点ではまだ、「捨てる」ことを考える必要はありません。けれども、「持っていることを忘れていた服」は、この時点で処分しても大丈夫です。

2. 必要な服の数を割り出す

必要な服の数を紙に書き出します。

・春夏秋冬、オールシーズンの別

・用途別

①　通勤用

②　幼稚園、学校、塾、習いごとの送迎用など

③　趣味用

④　休日用

⑤　部屋着、パジャマなど

このとき、分類する項目が増えると服も増えます。できるだけ兼用する方が余分な服を持たずに済みます。例えば、「通勤用と子供の送迎は兼用」などです。

3. 必要な服の数の分だけ、取り出す

「2」でメモした服の分だけ、手持ちの「1」の服からピックアップします。

4. 「3以外」を処分する

上記「3」で、必要な服を取り出したら、それ以外の服が残ります。残った服は「あってもなくても良い服」です。それを処分します。

「捨てる服ととっておく服」を決められないのはどうしてでしょうか。それは服を単体で見ているからです。そうすると、最終段階になり「着る服が何もない」という笑えない状況が発生します。

場合によっては「2」「3」の結果、足りない服があるかもしれません。実はこれこそが「服があるのに着る服がない」原因です。いらない服はあるのに「場面に適した服が足りていない」のです。こういう時には処分した服があっても買い足す必要があります。服を単体で判断すると、「必要な服がない」ことに気づくことができません。だからこそ、最初の段階で「全体を把握する」ことが大切です。

さらに、その服をどの場面で、いつ着るのかわかりません。仮に店頭で素敵な服を見つけたとして、それを着る場所がなければ買っても無駄になります。また、これまで着たことがない傾向の服にいきなりチャレンジするのは確率的に無理があります。

「違う自分にチャレンジ」も良いですが、着慣れた服の傾向を保ちつつ、「ほんの少しだけグレードアップ」くらいの方が、活用できる服になります。店頭は、その服の雰囲気に合う陳列や店内の雰囲気になっています。そのため、つい現実を忘れます。「試着室ではすごくよかったのに、家に帰って我に返る」そんな現象が起きます。

服は理想の自分を作るツールである反面、「本当に着る服」は、現実を把握したほうがうまくそろえられます。

070 オールシーズン着用できる服を活用する

オールシーズン使えるものを持てば、服を減らせます。その中でもおすすめなのは、ユニクロエアリズムのブラトップです。第一、蒸れがほとんど気になりません。「これはすごい」と感動しました。また、これまで女性のインナーは「肩ひもの重なり」がネックでした。ラインに響くし、うっかりすれば服からはみだして恥ずかしい思いをします。ところがブラトップは、そうした心配がほとんどありません。そして極寒地域でなければ、真冬でも違和感がありません。私の場合は結局、冬も着用しました。つまり、オールシーズン可能です。季節ごとに素材を変える必要がなければ、引き出しの中はスッキリ整理できます。

洗濯機で洗っていますが、全く劣化する気配がありません。「エアリズムを真冬に着て寒くないのか」という疑問がわくと思います。これについては「エアリズムだから寒い」ということはありません。不思議に、夏は涼しく着られて、サラリとしていますし、冬は暖房などで汗ばんでもサラリとしています。寒いところに行って、スースーするようなこともありません。適度に温度調節や湿度調節になっている印象です。それ以上の保温をしたい場合には、エアリズムはあくまでインナーとして着用の上、その上の衣類で調整すれば良いでしょう。

とにかく、特別寒いところに行くとか、一日中外にいるようなケースでなければ、日常では十分、オールシーズン着ても問題ないと感じます。

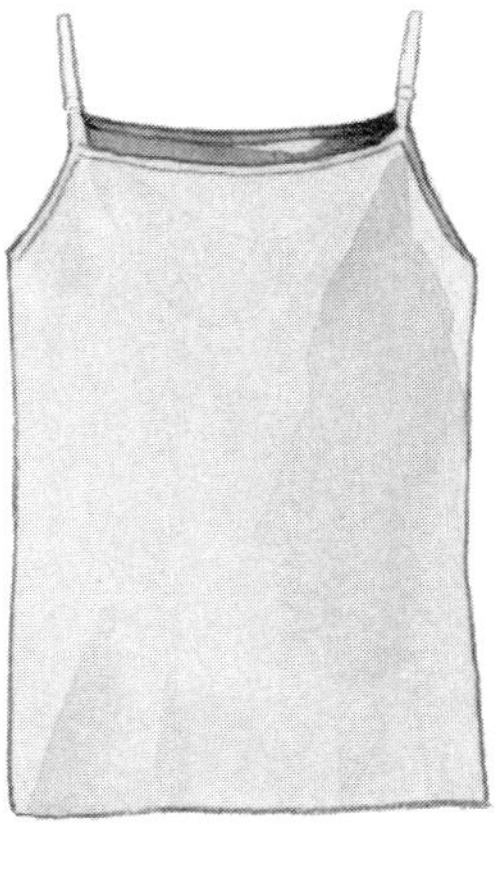

071

半端な季節に困らない春服の対策

半端シーズン、たとえば春先に着る物に迷うのはなぜでしょう。それは天候や気温を読みにくいことが挙げられます。意外と秋は着るものに春ほど迷いません。理由は、暗い色を着ても違和感がないからです。ところが、春は違います。実際は秋と同じくらいの気温のことがあります。ところが、暗い色では重くて違和感があります。そこで、寒いからコートを羽織ろうとすると、見た目が重いので着ることがはばかられます。春という季節のイメージと暗い色のギャップが大きいので、迷うのです。

分厚いコートや暗い色の服はたくさんあるのに、半端な季節に対応するための服や小物が不足していることが多々あります。半端なシーズンは日本では意外と長いのです。ところが真冬と真夏の服がたくさんあり、春と秋の半端なシーズンの対策を考えていないこと、つまりは準備不足が原因です。すでに着ない服がたくさんあるのに、不足している服があるとは考えられないかもしれません。ですが実は必要な服が足りていないのです。つまり、必要な服のバランスが偏っているのです。

このほか、春は個性に関係ない場面が増えます。公の場面が多いのです。「場の雰囲気」に調和することが求められます。入学式、卒業式、子供が通う学校や幼稚園の保護者会などです。しかも季節が不安定であるため、ますます着る服に悩みます。場合によっては幼稚園の遠足や運動会などカジュアルな服装が必要です。

ではそれぞれ対策を考えてみます。

◎気候、温度差対策

基本ですが、天気予報をよく確認します。外出する時には、天気と温度だけではなく、湿度や風力もチェックします。最近は天気予報に体感温度が掲載されていることがあるので参考にします。

◎小物の準備をする

服以外で保温できる小物を活用します。例えば、ストール、手袋、帽子、タイツ、ソックス、ストッキング、使い捨てカイロ、などです。洋服が薄くても、小物で防寒対策をする方が目立ちません。また、小物はかさばらないのでストールや手袋、使い捨てカイロなどをバッグに

入れると重宝します。

◎トレンチコートなどを用意する

選び方が難しいですが、やはり王道のトレンチコートは流行に左右されません。コットン100％よりも、2～3割程度、化繊を含む素材の方がシワになりにくくておすすめです。ライナー付きであれば、さらに温度調整できますが、ライナーなしの場合は手持ちのカーディガンを中に重ねることで対応できます。トレンチコート以外では、ウール、カシミヤなどではない、コットン系のステンカラーコートもおすすめです。この場合、色は王道のベージュが重くならないので無難です。トレンチコートの良さは、きちんと系にもカジュアル系にもどちらにも合わせられることです。

◎長め丈の薄手のカーディガンを用意する

コートを着るほどではない場合や、室内で過ごす場合、ブラウス、シャツ、カットソーだけではちょっと寒い場合に重宝します。また、丈が長めのカーディガンは、上下のコーディネイトをうまくつないでくれる効果もあります。「このトップスと、このボトムスに、この靴のバランスって、いまひとつだったかな？」という場合でも、長めのカーディガンを羽織ることで、全体の見た目のバランスが良くなるというおまけつきです。

もちろん、温度差を微調整するのにも役立ちます。

◎学校に着て行くシンプルなスーツ、ニットのアンサンブルを用意しておく

学校に保護者として行く場合、スーツとニットのアンサンブルを用意しておきます。スーツは中に着るブラウスで見た目のかっちり度を調整できます。入学式にはフリル付きブラウス、保護者会にはシンプルなノーカラーのインナーなどというように、です。また親の立場として出向く場合や、それほどかっちりしなくてもいいけれど頑張ってない風にしたい場合には、ニットのアンサンブルが迷わずに済みます。

◎素材は暖かいもの、見た目は軽い色を選ぶ

春先は、実際、寒い日が多いのです。ですから、素材はあまり薄すぎず、色は明るめの軽い色を選びます。春らしさは素材ではなく色で表現します。

春先に着るものを、よく考えて準備することで、かなり着る服の迷いを減らせます。

072

おしゃれ疲労症候群。おしゃれすることに疲れていませんか？

おしゃれな人と感じる要因に、「本当におしゃれかどうかは関係ない」と最近、気付きました。多くの人が無意識に望んでいるのは「おしゃれを楽しんでいる人」なのです。

ファッション関連の情報が山ほどあるのに、誰一人解決していないかに見えます。何を着ても似合わない。買っても買っても着る服がない。この服装はダサイと思われないだろうか。この服は流行おくれだろうか。これを着ていたら「同じ格好ばかり」と思われるだろうか……など。

楽しいはずのおしゃれが、どうしてこんなに私たちを苦しめているのでしょうか。そんな疑問を抱いていたある日、はっとする女性を見かけました。電車に乗っていた時、向かいに座っていた女性は、まさに「おしゃれを楽しんでいる」人に違いありませんでした。

バッグは、個性的なデザインのリュックサックでした。首にはアジアン風のカラフルなストールを巻き、頭には彼女の雰囲気に合う布をまとっていました。

とにかく、全身から「おしゃれを楽しんでいます」の空気が伝わっていました。服装も、持ち物も私が参考にできるものではありません。けれども不思議と気分が明るくなるのを感じました。

おそらくおしゃれには、心の豊かさを感じるのです。それが相手に対する好印象につながるのでしょう。人は幸せそうな人、楽しそうな人に本能的に惹かれるからです。

反対に、なりふり構わず、おしゃれの「お」の字も感じない場合は、「この人と過ごしたら楽しいだろうな」とは思えません。もちろん、その人は別の分野に幸福感や楽しみを持っているのでしょう。けれども、外見は一目瞭然でわかりやすいですよね。そして手っ取り早いのです。

多くの人が、おしゃれであろうとするのは、幸福感の必要性を察しているからです。だから微細なことに神経を使い過ぎるようなおしゃれでなくても良いのです。それでも十分効果があるのではないでしょうか。

もっと大らかに自由に楽におしゃれを楽しんではどうでしょうか。

その人が楽しそうにコーディネイトしていたら、それだけで素敵な雰囲気が出るのです。

073

紫外線対策と暑さ対策を両立させる

日差しが強い季節は紫外線を気にして、ストールを巻くことが多くありませんか。ストールはコーディネイトのアクセントになります。また、ストールは薄手でも保温性があります。秋冬なら防寒になります。ところが、この利点が夏は「暑い」という欠点になります。そこで活用したいのが長袖シャツです。

どんなに涼しそうな素材を選んでも、やっぱり首元になにかを巻けば、それなりに「暑い」

のです。寒い時期はそれがストールのメリットです。けれども、暑い季節は不快感が増します。そこで、「スッキリ着る方法はないものか？」と考えました。結果「普通の襟付き長袖シャツ」が良いという結論に至りました。

襟付きシャツは、首回りが覆われています。そのため、ストールを使わなくても紫外線対策になります。シャツとストールの２つ使いは暑くてかないませんが、シャツ１枚にすればその分涼しくなります。また、ストールがなければ、荷物が減ります。自転車でご近所に行くときなどは、ストールがヒラヒラしないので煩わしくありません。

このほか、仕事中に首から名札やＩＤカードを下げている方は多いと思います。この時も襟付きシャツの上からぶらさげれば首がすれて痛い、汗が気になるなどを防ぐことができます。もちろん、夏場の屋内では、冷房対策にストールの存在が微調整に役立つこともあります。短時間の外出なら長袖シャツで出向きますが、長時間の外出は冷房対策にストールを持参します。

襟付きシャツは、元々、下着だったそうです。男性は襟付きシャツをジャケットの下に着ていますが、女性は襟の付いていないカットソーなどをジャケットの下に着ています。確かに、首回りがスッキリ見えて良いのかもしれません。けれども「襟汚れはどうしているの？」と、他人事ながら気になってしまいます。時にこのような理由で襟付きシャツを選ぶ選択肢はどうでしょうか。

074 「あるのに使えない服」はアイテム不足が原因

「出番がない服」の原因は「不足」です。「出番がないんだから、不足どころか余っているはず」と思ったら大間違いです。洋服には必ず脇役が必要です。脇役がいなければ、主役が舞台に立っても完成しません。一枚の洋服を着るためには、様々な脇役が欠かせません。つまり、主役だけで必要な脇役がいないから全く表に出られない服になってしまったのです。たとえば、あるとき安く買ったスカートには裏地が付いていませんでした。ペチコートを合わせなくては、透けるので外出できません。「そのうちペチコートを買おう」と思いましたが後回しにするうちに忘れてしまいました。または真っ白いシャツを買ったけれど、透《す》けが気になって着るのをためらっている服。透けないベージュのインナーを用意しなかったがために白いシャツを買っても着られなかったのです。

他には「ボートネックのトップスを買ったけれど、肩の部分をどうしたらよいか気になって保留にしているカットソー」「ノースリーブの服を買ったけれど、羽織物がないせいで着ていない服」など。

主役の服に問題はないのですが、透けないインナーや、肩からはみ出さないインナー、羽織物など、脇役を軽んじたので着る機会が失われたのです。つまり、新たな服を取り入れる時には、それを着るために必要な脇役もしっかりそろえることが肝心なのです。「新たにパンツを買ったなら、ベルトは合うものがあるのかどうか、靴は何を合わせるのか、合うものを持っているのか」というふうに、です。このように、必要なアイテムを少し追加すれば、「着られない服」が「活用する服」に格上げされます。

もし、「この服を買おう」と決めたなら、必ず必要なアイテムをすぐに揃えてしまいましょう。例えばインナー、ベルト、靴、ソックス、タイツ、バッグなど、とにかくその服を着る時に必要なものは頭のてっぺんから足のつま先まで、全て揃えます。何かひとつでも欠けていると実際に着て行くことができません。

洋服を買った時、店員さんから「合わせる○○はよろしいですか？」と声をかけられることがあります。この時「余計な物を勧められる」と身構えないことも大事です。店員さんをコーディネイトの協力者として、その服を素敵に着るためのアイテムを教えてもらうのも手です。店員さんは自分のお店の服をよく見ていますから、一番良いコーディネイトを研究しているでしょう。

洋服にお金を出すのは当然でも、目立たないアイテムへの出費は「もったいない」と感じるものです。けれども、そこに気を抜かないことで初めてお気に入りの洋服も安心して着られるものとなります。

075 夏服の原理を知って、数を減らす

夏は服が増えます。つまり、この時期の服を適切に持てば、オールシーズンが良いバランスになります。まず、夏服が増える原因を知り、見直しをします。

・着替えの回数が増える
・洗濯の頻度が増えるので服の劣化が早い
・旅行、レジャー、帰省など外出が増える
・人と会う機会が増える
・テンションが高くなり積極的に買い物をしやすい
・セールがある

◎原因別対策

・着替えの回数が増える

単純に汗をかくから着替えが必要になる場合と、何となく外出に応じて着替える場合の2種類があります。一日中、フルタイムで仕事をしている人は着替えを頻繁にしようがありません。つまり、着替えを頻繁にしてしまうのは、比較的家にいる時間が長い人ということです。暑いときに家事をすると、とたんに汗をかいてしまいます。夏場は「自分が家事をしたいタイミング」ではなく「汗をかいてもかまわないタイミング」に家事を集中させます。すると着替えの頻度を減らせます。必然的に服を減らせます。

・洗濯の頻度が増えるので服の劣化が早い

服を買う時に素材表示タグを確認します。毛玉ができやすい素材の服をなるべく買わないようにします。毛玉ができやすいのはレーヨンが配合されているものです。もし、買ってしまったら、手洗い、洗濯ネットに入れる、裏返しにして洗う、長時間脱水をかけないように注意します。服の劣化が遅くなれば、服を買う頻度を減らせます。

・旅行、レジャー、帰省など外出が増える

長期の外出のたびに新しい服を買っていないでしょうか。なるべく、今家にある服で間に合わせるようにしてはどうでしょう。長時間、自宅以外の場所に出かける時は、着慣れた服の方がリラックスできます。

・人と会う機会が増える

同様に、人と会うとき、新しい服を買いがちです。本当に買い足す必要があるのか、何となく買い足そうとしていないかを確認します。

・季節柄テンションが高くなり、積極的に買い物をしてしまう

夏はテンションが上がりやすい時期です。同時に暑さのせいで慢性的に疲労しています。すると正常な思考ができず、感覚で買い物をしがちです。また、休日が増えるので買い物をレジャーにしてしまいます。

・セールがある

最近のセールは早く開始します。もし、セールに行くのなら、セールの前に計画を立てます。仮に売り切れていても惰性で買わないことです。

では、次にどうすれば、夏服を少ない服で間に合わせることができるのでしょうか。

・丈夫な素材の服を持つ

複数回の洗濯に耐える丈夫な素材を選びます。コットンが無難です。ただしコットンでも生地の厚みやコットンの品質にもよりますので信頼の置ける店やメーカーから買います。洋服は

主に2種類あります。ひとつは実用性重視の服です。これは複数回の洗濯にも劣化しにくい品質です。もうひとつはイベント服です。あくまで単発的な服であり実用性より見た目重視の服です。このような服の場合、耐久性はあまり吟味されておらず、おしゃれをアピールするための服です。何度も洗濯しながら着る想定はされていません。服を買う時は、どちらを目的に作られた物かを見極めましょう。

・洗濯できる服を買う

夏はできるだけ洗濯可能な服を選びます。クリーニングに出さないと洗えない服は、着る頻度が減ります。すると別の服を多めに持たなくてはいけなくなります。初めから自宅で洗濯できるものにしておけば、クリーニングに出す手間が不要です。結果として手持ちの服を減らせることになります。

・きちんとした服を取り入れる

最近はカジュアルが主流です。けれども、いつもカジュアルで過ごしていると、いざ、きちんとした服が必要な場面であわてます。初めから、手持ち服の一部はコンサバ系などきちんとした服を組み込んだ方が服は減らせます。

・Tシャツは5枚までにする

確かに夏はTシャツが重宝します。けれども、子供ならいざ知らず、そんなにTシャツは必要でしょうか。人は「楽な方」に流れるのは簡単です。夏服が増えるのは、何となく「洗い替えがないと」というように感覚によるものが原因です。冷静に用意しようとしてみると、実はそれほど洗い替えの予備は必要としません。

076 メイクとヘアスタイル。服を買うより大切なこと

私たちは洋服のコーディネイトに悩んでいます。それは主流がカジュアル系だからです。きちんとした服を着ればいいかというと、そうでもない、「決めすぎ！」の感じがしてしまう。そこで雑誌で見た「着崩し」の工夫を試みたりします。

40代を過ぎる頃にはどこかにピシッとしたところがないと、ピントがぼやけた印象になります。そこで外せないポイントがあります。それはメイクとヘアスタイルです。

「洋服のコーディネイトを工夫してもしっくりこない」場合、メイクと髪の毛が無造作になっていることが多いのです。最低限、清潔感が大事です。

美容院には高い料金でたまに行くより、安い料金でもこまめに行く方が効果的です。髪の毛は目に付きますし、顔より面積が広いのです。

次にメイクも大事です。常に一定の層に「メイクをしないナチュラル志向」も人気です。確かにメイクをするかしないかは個人の自由です。メイクをしなければ、自分はラクで心地良いのです。けれども他人から見た「自分」は違います。特に他人から見る中高年以降の女性は違います。きついようですが、本心はこうです。素顔よりメイクをした顔を見る方がストレスを感じずに済みます。

もしかすると、メイクをすることが自然に反するような気がするかもしれません。けれども、メイクの流行は以前とまるで違っています。最近は「メイクしていないようなメイク」が主流です。昔覚えたメイクの方法のままでは決めすぎです。今のメイクは透明感、自然、ツヤが主流です。

洋服の流行を気にする方も、メイクの流行はおざなりになっていないでしょうか。おしゃれはバランスだといわれます。当然、服だけを整えてもどこかパッとしないのは当然です。

洋服がしっくりこない時は必ず、ヘアスタイルを整えます。最近のメイク用品を使い、今の方法でメイクすることをお勧めします。高いものでなくても大丈夫です。お値段が手頃な物がたくさんあります。着映えを考えた時、問題は服ではないことがあります。服を見るのではなく服を着た全体像を見るのです。するとヘアスタイルやメイクの問題に気が付くことができます。

077 合わない流行は堂々とスルーする

今、メインで履いている二本のパンツは、昨年中に処分の予定でした。けれども、結局、今も履き続けています。同時に、「これだけでは足りない」と思っていたのですが、2～3パターンあれば、日常は間に合うと気付きました。

旅行や帰省の時にもいつも「もっとおしゃれしなくちゃ」と、力が入りすぎていました。もちろん、「おしゃれ」の心がけは良いのです。けれども「おしゃれ」を理由に買う口実を用意していただけだったのです。

「ほどほどの2～3パターン」があることに、まずは感謝、です。現在流行のシルエットは、私に似合いません。だから、今持っている服を大事に着ることにしました。

流行は大きな変化の中に小さな変化があります。ときに「今回の流行は好みではない」または「自分には似合わない」ことがあります。そんな時は、無理せずやり過ごす勇気を持ちましょう。

今シーズンに買った服は2枚だけでした。ずっと敬遠していたリネン素材の長袖シャツ1枚と、今流行のシルエットのパンツが1枚の合計2枚だけです。

その結果パンツの方は失敗しました。結局、一回着ただけで「肥やし」と化しました。きちんと店頭で試着をして買い、セール品ではなく定価でした。それでも失敗する時は、します。

一方、リネンのシャツですが、こちらは買って正解でした。それぞれの失敗と活用できる服を買えた理由を把握してみました。

◎失敗したパンツの敗因とは？
きちんと試着をして買いました。セールで焦ったわけでもありません。では、なぜ着なくなったのでしょうか。それは合わせる靴がなかったことです。私は現在、履ける形状の靴が限られています。そのため、ヒール付きパンプスや先の細いエレガント系の靴を履けません。それをカバーするために靴が目立たないフルレングスパンツを履くことが多かったのです。ところが、うっかりそれを忘れてクロップド丈のパンツを買ってしまいました。試着をする時には洋服だけを見れば失敗すると学びました。足下のことまでセットで考えなければ、実際に「着るに着れない」のです。

◎白い長袖リネンシャツは買って正解

これまで何度かリネンの服を買っては失敗してきました。そのためずっと敬遠していたのです。ところがある時、電車の中でのこと。見かけた同年代の女性がリネンのシャツをおしゃれに着こなしていました。

気になって、さりげなくチェックしました。女性が合わせていたのは、パリッとした張りのある素材のスカートでした。さらに、バッグや靴もメリハリの効いたものを身に着けています。つまり、リネンのシワ感はありますが、それはトップスのみに限定されていたのです。ボトムスや小物などは張りのあるきちんとしたものを身に着けていることがポイントだったのです。

リネンのシャツはトップスだけです。そしてシャツの裾はタイトスカートにインしていました。改めて気がつきましたが、そうすればリネンの面積が少ないのです。それが良いバランスを保っていたのです。

リネンのシャツはリラックス感が強い服です。そのため、私くらい（40代後半）の年代の女性が着ると悲壮感が出ます。実際に、それで失敗して敬遠していました。以後、その女性の着方を参考に、リネンの長袖シャツを買いました。色は白、無地です。近所のスーパーに買い物に行く時には、首筋、腕など紫外線を気にせず済みます（長時間外にいるわけではないので）。さらにお出かけ用に着る時には、ネックレスをつけてカジュアルな感じが先行しないようにしてみました。リネンのシャツのリラックス感は、時に年齢ならではの悲壮感を漂わせてしまうことがあります。だから、こういう服を着る時には、他のアイテムでバランスをとること、それが大事だったのです。

第8章

「片付ける」をシンプルに

078

裏ワザをやめれば物は片付く

収納したい物が入らない。そんなとき、どうしますか？

◎収納する価値がある物か確認する

例えば、押し入れの布団がいっぱいで収納スペースが限界だとします。よくよく見れば、家族用布団に混じって、余分な客用布団が混じっていることがあります。客用布団はそもそも必要なのか？　必要だとしても減らすことはできないのか？　を確認します。

◎収納場所が最適かを確認する

次に、適切な収納場所が他にないのかを確認します。例えば、シーズンオフの布団を一ヶ所にしまっており、ゆとりがないとします。この場合、家族の布団は、それぞれの部屋に移動することも考えられます。子供が小さくて家族全員が同じ部屋で寝ている場合、家族のオンシーズンの布団だけを収納しても良いのです。

ここで、うっかりやってしまいがちなのは「裏ワザ」に頼ることです。収納グッズに頼る、たたみ方、収納テクなどです。その場所に全ての布団を収納しなくてはいけないと思い込んでいることがあります。

テレビや雑誌では「あっと驚く物を使って収納！」のようなワザが人気でした。これはテレビなどのパフォーマンスです。エンターテイメントです。

けれども、実際の生活はそういうものではありません。ワザは主婦だけに負担がかかります。特殊なたたみ方は、家族に指導する時点で嫌がられるのがオチです。誰もが普通の感覚で収納できるスタイルにするべきです。長期にわたれば無理が生じます。

収納スペースが足りない時点で、家族の人数に対して物が多すぎる証拠です。必ず必要のない余分な物があるはずです。一般的に妥当な広さの住まいであれば、収納スペースに収まるくらいが適正量です。

079 今すぐ捨てる・過去のガラクタ証拠品10

今すぐ捨てていいのは、かつてのガラクタ証拠品です。今は興味のなくなった物。何の役にもたっていない物。存在すら忘れていた物。中断したまま続行できない物。自分は思ったほど努力家ではなく、続ける意思も足りなかったことを認めましょう。現実に目を向け、スッキリ新たなスタートが可能です。

1. 見栄で持っている物を処分

見栄で持っている物を減らします。たとえば、高かったフォーマルスーツ、これは見栄で持っている物、それとも必要な物、どちらと考えれば良いでしょうか。「高かった」という点については一見、見栄に思えます。けれども、フォーマルスーツはいつ何時《なんどき》必要であるかわからず、それ以外の服で出向くことはできません。ですからこれは「必要な服」で処分する必要はありません。

「同窓会に持って行くバッグ」を新しく買ったとします。そのバッグは同窓会以降、一度も出番がないとします。これは、見栄で買ったバッグです。リサイクルショップやオークション代行などを利用して処分します。読み返すことがないのに、持っているだけの本も、見栄で持っている物です。見栄で持っている物は処分しても生活に支障が出ません。そのため、初めに処分するにはちょうど良いのです。

2. 持っていることを忘れていたものを減らす

久しぶりに段ボールを開けてみたら、「あ、こんなのがあった」というものは処分しても大丈夫です。いっとき感傷に浸るかもしれませんが、これまで存在を忘れても支障がなかったのです。だから、処分しても大丈夫です。

3. 修理すれば使える物、服を処分する

修理すれば使えるからとそのままにして数ヶ月、数年過ぎた物は処分します。「修理する」と思ったら、今からでも持って行きましょう。それができないのなら、この先1年、3年、5年、10年たっても状態は変わりません。

4. やせたら着られる服を処分する

やせたら着られる服を持っていても、数ヶ月放置していたならば復活する確率は限りなく低いです。思い切って処分します。もし、やせたとしても、微妙にスタイルのバランスが変わります。また、色のバランスが良くないこともあります。今の自分に合う服を選びなおす方がずっと前向きです。反対に健康的にダイエットできたなら、以前の服は必要ありません。太る前に着ていた服は潔く処分します。

5. 勉強を中断している教材を処分する

「いつか再び始める」気になったら、改めて買いなおします。途中でやめて数ヶ月、数年経過している間に、もっと良い教材も出ているはず。それよりも途中で投げ出したものが家の中に

ある状態は、「半端なもの」を見るたびに自分に自信がなくなります。そして後ろめたい気持ちになるので良いことはありません。さらに教材を開くたびに挫折の経験を思い出します。思い切って買い直す方が過去の挫折に影響されることなく進められます。

6. 作りかけの子供服、手芸品、DIY作品を処分する

手作りするつもりで中断している物を処分します。同様に今の自分には作りこなすだけの技量、根気、興味が足りなかったのです。

7. 書きかけの日記をシュレッダーにかける

「今度こそ毎日書こう」と意気込んで書き始めた日記は、途中で放置したらシュレッダーにかけて処分します。

8. 挫折したダイエット関連用品やスポーツ用品を処分

今度こそと決心して買った通販のダイエットグッズ、スポーツ用品。挫折して使わなくなった品は思い切って処分します。

9. 趣味だったキッチン用品を処分

お菓子作りやパン作りをしよう、と思ったけれど、結局続かなくて放置された道具。これからお菓子やパンは市販品を買いましょう。そして道具は処分します。

10. それを見ると嫌なことを思い出す物を処分

その物を見ると嫌なことを思い出す物は処分します。例えば服そのものは気に入っていても、それを着る時に一瞬、応対した店員のいやな態度を思い出すなら、それも処分が正解です。そういう経緯で買ったとしても、思い出すことがないのなら、持っていても良いのです。いやなことを一瞬でも思い出すことは、自分にとってプラスになりません。

「心のガラクタ」を処分する基準は、「自分をプラスの感情に導かないもの」です。たとえ高価だった物でも良い感情が起こらない物は処分対象です。たとえ安価な物でも良い感情が起きる物は手元に残します。

080 使用済みタオルも一枚残らず場所を決める

体を拭いたタオルはどこに掛けていますか？　掛ける場所は決まっていますか？　何となく、空いている空間に掛けるだけですか？

翌日に洗濯するとしても、濡れたタオルを洗濯カゴに入れると雑菌が繁殖しそうで気になりますよね。ちなみに我が家では、ステンレスの伸縮性物干しに掛けています。

以前はお風呂上がりにタオルの置き場所が決まっていませんでした。タオルを掛ける場所は先着2名様限定です。我が家は3人家族なので、最後にお風呂に入った人は洗濯機の縁あたりに何となく置くことになります。

そこで、使用済みタオルの一時掛け場を真剣に検討したのです。結果として取り入れたのはさきほどの伸縮性物干しです。狭い隙間にもうまく収まります。

この物干しの良いところは、一台で何役もこなすところです。タオルの他、ニットを洗った後の平置きにも使えます。洗濯物やスペースに合わせて開き具合を調整します。

この他、クッションのようなものを乗せて干すことにも使えます。ステンレスなので、サビたり日光で劣化する心配がないので丈夫です。

暮らしの中のプチストレスは、家事そのものだけではありません。「お風呂上がりに濡れたタオルを置く場所がな〜い！」で、いつも何となくキョロキョロして、洗面所内の空いている空間になんとなく置いておく。そのスペースは限りがあるので早い者勝ち。このような状況の些細な積み重ねがプチストレスを生むのです。

「濡れたタオルをどこに置こうかな」なんてことは「考えている自覚」がありません。けれども実は確実に「考えて」いるのです。考えることは、もっと重要なことに余力を残しておくべきです。だからこそ、日常のちょっとした迷い「どこにタオルを置こうかな」なども見逃さないようにします。

081 今すぐ捨てる・意識の外にある無駄な小物10

スッキリ暮らしている人と、「片付けているのに何か雑然とする」人の違いは何でしょうか。それは小さい物の扱い方です。これらはひとつひとつが小さいので、雑然とする結果を作り出しているとは夢にも思わないのです。

1. 室内外の飾りを減らす

玄関ドアのリース、ガーデニング用品の飾り、動物の形の陶器の置物など。たくさんあると掃除が大変でホコリがたまります。買ったばかりの頃はきれいですが、かけっぱなし、置きっぱなしになると蜘蛛の巣やホコリが付いて不衛生です。

その家の住人は毎日見ているので、「汚い」と思う目がマヒします。室内外の装飾品は汚れやすいのでシーズン限定にしたほうが賢明です。もちろん、手入れしながら飾る分には問題ありません。その点、正月やクリスマスの飾りは時期が終わると外します。終了後は毎年処分をしますが、ホコリだらけにならない良い慣習です。絵画、ポスター、置物も掃除が行き届かないなら、いっそない方が賢明です。

2. 雑誌・パンフレット・カタログを減らす

要らない通販カタログは、ストップする手続きをします。ネットから設定する、メールで依頼する、電話をかける、はがきを出すなど、少しの手間で今後、ゴミになるものを受け取らずに済みます。ストップしない場合は、閲覧する期間を決めます。期間内に注文する物がなければ、処分します。宅配のメニューのチラシなども、ひと月以内に利用する予定が思い浮かばないならば捨てます。

3. 市販の薬を減らす

時々、薬の消費期限を確認します。期限切れの物は捨てます。また、絆創膏《ばんそうこう》などは状態を確認して古くなっていたら捨てます。長く使用していないものも捨てます。処方薬も、飲み残しは捨てます。

4. 使用していないストラップ、キーホルダーを減らす

お土産、景品で頂くストラップ、キーホルダーなどが増えがちです。お土産は頂いたことに感謝して、一定期間保管します。適切な時期が来たら、今使っていないものは手放します。

5. ヘアアクセサリーを減らす

ヘアスタイルを変えた時、今後使う予定のないものを処分します。

6. メイクグッズを減らす

メイクブラシ、チップ、リップブラシなど、古くなっている物、使っていない物を捨てます。

7. エコバッグを減らす

使いやすいエコバッグは限られています。景品でもらった物など、多すぎる物は見直して処分します。

8. ポーチを減らす

バッグを買うとポーチが付いてくる場合があります。ポーチは実際、そんなに必要でしょうか。化粧品を買うと景品でもらったり、雑誌の付録だったり、お試しセットのポーチなどがいつの間にか増えがちです。ポーチは確実に使っているもの以外を手放します。

9. 文具を減らす

使いやすい文具のメーカーと種類を決めます。「安い」だけで買った半端な文具は手放します。

10. ベランダの物を減らす

ベランダは外からも見えやすいので余計な物があるとスキになります。ベランダが汚く物が

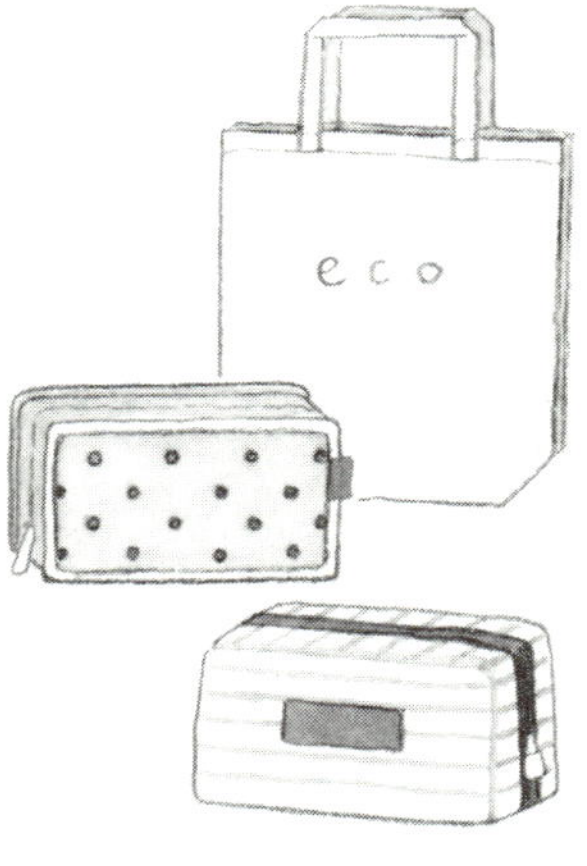

多くあると、空き巣などに狙われるリスクが高くなると言われています。また、ベランダの物干しにハンガーを吊るしっぱなしにしないようにします。洗濯物を取り込む時に室内に入れるか、見えない場所にしまいます。そのまま風にさらすと劣化も早くなります。

いずれも、日常に紛れて、これらを減らしても見た目に変化を感じないかもしれません。ですが、ゴミ袋を片手にすると、かなりの量が出て驚きます。細かいものを処分して、フットワークの良い暮らしをしましょう。

082 リビング・ダイニングは極小ゴミ箱で片付く

ゴミ箱には最適なサイズがあります。その場所で出る「ゴミのサイズに合わせる」という当たり前のことです。場合によっては卓上サイズの極小サイズのゴミ箱が机の乱雑を解消します。スッキリ暮らす上で避けて通れないのがゴミ箱問題です。最近は、居室に置かずにキッチンにのみ！　というケースも見かけますね。我が家でも試したことがありますが、無理でした。そこで卓上サイズの小さいゴミ箱を置くことにしました。

それは１００円ショップ品です。「こんなに小さくて、間に合うの？」と思うかもしれませんが、意外に間に合います。リビング・ダイニングで出るゴミはティッシュ、フセン、メモ帳、お菓子の個装袋など、小さいゴミが中心です。とても入らない大きいゴミは、台所に捨てに行けば良いだけです。

反対に台所など多くのゴミが出る場所は特大サイズが最適です。ゴミをあふれさせず余裕のある容量が「マメに捨てよう」というモチベーションになります。

083

ワザはいらない。「一度空っぽにして戻すだけ」で劇的に片付く

ワザもテクも不要の物の片付け方法を紹介します。ただし体力と時間は必要です。はじめに、物が多くて気になる場所を眺めます。物の吹き溜まりになっている場所は、長い間触ったことがないはずです。放置され無視され、視界にも入らなかったはずです。

まず、その場所を一度空っぽにします。これまで置いていたものは、いったん他の場所に移動します。空っぽにしたら、掃除機をかけるなり雑巾をかけるなり掃除をします。あとは、しばらく風を通しながら休憩します。そして、再び物を同じ場所に戻します。

方法はこれだけです。いるものと、いらないものを区分しようと思わなくても構いません。ただひたすら、元に戻すだけです。戻すときに物を捨てなくても構いません。もちろん、「明らかにこれはいらない」と判断したら、捨ててもOKです。

どうでしょうか？「捨てなくていい」と言われても、元に戻す時には結構捨てたのではないでしょうか。そして元に戻した後にはウソのようにスッキリしているはずです。

物を捨てることと、片付けを必要以上に難しく考えることはありません。もっと簡単に考えましょう。捨てたければ捨てる。捨てたくない物は捨てない。

あれこれ考えずそれだけでいいのです。「物の吹き溜まり」をいったん空《から》にする。掃除して、少し休憩した後に、再び元に戻すだけです。

実際は、どんなに自称片付けベタ、捨てられない人でも、元に戻す段階になると、「これは、いらない」「これはどう見てもゴミ」など何かしら手放す物が出てきます。

ところが初めから「捨てなくては」「減らさなくては」と思っていると、緊張感とプレッシャーで、やる気が起きなくなってしまうのです。

大事なのは、停滞している物を移動して空気を入れることです。そうすると嫌でもその場所の空気が変わります。「物を移動するだけ？」と思うかもしれませんが、移動するだけでも全くその場の空気は変化するのです。「まさか」と思うかもしれませんが、本当です。

どんなに整理整頓をしていても、長い間触れられていなかったものは、ほこりがたまります。そうすると気分的にも活用する気が起きなくなります。

ところが時々、物を強引に移動させてみると、必ずいらない物を自然と発見します。そして元に戻した頃には、いらない物といる物にいつの間にか分類されて整理されているのです。

「捨てよう、片付けようと思わない」こと、単に物を移動させて「ついでに掃除をしておこう」くらいの気持ちでスタートすることです。物を捨てることにも片付けにもテクやワザはいらないのです。

084 今すぐ捨てる・人生をプラスにしない衣類10

服は生き物です。流行やライフスタイル、そして年齢などの変化とともにあります。当然定期的な見直しが必要です。常に変動し続けるものですから「これで完璧」はないのです。

1．ソックス、ストッキング、タイツ、レギンス、インナーを減らす

ソックスは、同じ色柄でそろえると効率的で無駄がありません。種類違いは履くたびに「この服にはどれを履くか」と考える必要があります。また、片方に穴が開くともう片方も使えな

くなります。ソックスは黒無地をシーズン初めに4〜6足を買い足しています。シーズン初めでないと、店頭に在庫がないことがあるからです。微妙な長さ、素材感などは通販画面でわかりにくいので、実店舗から買います。

2. ストール、マフラー、手袋、帽子を減らす

劣化している物、あまり使っていない物は処分します。いろいろ持っていても、いつも使うものは限られます。シーズンあたり3本くらいしか実際は使いません。私の場合は、帽子を以前はよく被っていましたが、最近はかぶらなくなりました。使わなくなった物は捨てます。

3. 羽織物、コートを減らす

私は季節や気温に応じてコートを微調整したい派です。そのため、他の衣類よりもアウターが多めの傾向です。新たにコートを買いたくなるのは、以前のコートに飽きたからです。そういうときには無理をしません。自分の心境を認めることにしています。新しい物を買ったら古い物は処分します。最近のダウンコートは薄手です。もちろん、極寒地域の方はこの限りではありません。すぐに手放す必要はありませんが、劣化などで買い替えをする機会にはシルエットがスッキリしている薄手の物を選びます。

4. サイズの合わない服を減らす

やせた、太ったなどのサイズが合わない服を手放します。太っていた時の服を「万が一また

太った時のために」保管しておくことは、再びその時が来るのを待っているようなものです。年齢的にシルエット全体が変わり、違和感のある服も手放します。20代の体形と40代の体形は違います。着ることができても、客観的に見ると何か違うのです。サイズが合ってもシルエットは違います。それから40代以降くらいに注意が必要なのは、お尻から足のラインです。骨格が変わっていることがあります。時々、後ろ姿を鏡で確認する癖を付けます。肩や背中のラインが丸くなっていることもあります。

5. 部屋着、パジャマを減らす

私の場合、パジャマはパジャマ専用です。部屋着はワンマイルウェアと兼用です。ここで注意したいのは部屋着がパジャマではないことです。「ワンマイル」、つまりご近所に着て出歩けるレベルの服が部屋着にもなるということです。最近の服は丈夫なので2枚を交互に着てもなかなか劣化しません。そのうち服の寿命よりも先に自分が飽きます。こういう時、とりあえずトップスのみを買い替えて気分転換をはかっています。もし、やむを得ず部屋着とパジャマを兼用にしているなら（フルタイムで仕事をしていて家にいる時間が短い方など）、宅配の人が来ても出られるものにします。いずれも枚数を決めてそれ以上は持たないようにします。私の場合はシーズンあたり部屋着（ワンマイルウェア）は2セット、パジャマは1セットです（パジャマは朝洗って夜には乾くので問題なし。風邪その他の突発的な時には部屋着で代用など何とかしています）。

6. カットソー、Tシャツを減らす

通販カタログを見ていると、カットソーやTシャツには「色違いでそろえたい」とか「何枚も持ちたい」と書いてあります。実際には、真夏でも一日に着替えるのは、2〜3回です。一番枚数が多い真夏でもカットソー、Tシャツの数はひとりあたり（スポーツ用をのぞく）5〜6枚もあれば足ります。

7. シワになりやすい服を減らす

シワになりやすい服は、様々なストレスをもたらします。たとえ清潔でも、だらしない印象を与えます。そして高品質の服はシワになりやすい素材があります。シワをストレスに思うなら初めから選ばないことです。

8. 役目が終わった行事用スーツを減らす

子供の行事用スーツ。流行に左右されないスーツを長期にわたり着る方法はあります。けれども長く着るつもりがないなら、さっさと処分します。もっとも、最近の行事用スーツは「普段も着回しできます」といううたい文句で販売されることが多いようです。でも実際には「着回し」している方を見かけません。思い切って手放せばクローゼットがスッキリします。

9. ブーツカットのパンツを減らす

なぜか通販ではいまだに販売されているようですが、ブーツカットは時代遅れです。もちろ

ん、流行遅れといっても服の素材が古くなったわけではないのですから、処分にはためらいがあると思います。素材が気に入っていてデザインが問題だけであるならば、思い切ってお直しに出してはどうでしょうか。それもためらいがあるならば、家事着にしてとことん履きつぶすこともありでしょう。

10. 高かった服を減らす

値段が高かったために手放す気になれないことはよくあります。でも、年がたつにつれてデザインが古くなります。処分をして後悔したことはありません。ブランドものならリサイクル店で少しは値段がつきます。

もちろん捨てるだけではなく、リサイクル、売る、譲る、などできるだけ循環させる方法で手放すのが理想です。「これは着ないかも」と直感したら、流行おくれにならない早いうちに、手放します。

服を選ぶことは、自分をよく知り、生き方を見据えることです。

085

テレビボードは持たない

我が家にテレビボードはありません。正確に言えばテレビを置いている代用品はあります。それは、元々、ダイニングテーブルと一緒に購入した木製のベンチシートです。便宜的にベンチシートであると書きましたが、実は「ベンチシート」と限定されているわけではありません。形状はシンプルなコの字型です。

越した直後は、現在の小さなテレビではありませんでした。30インチ程度のブラウン管で重量がありました。そのため、初めは直接床に置いていたのです。引っ越しの時、引っ越し業者さんが「あれ？　そういえばテレビボードをまだ運んでいませんよね？」と、確認をしました。そこで「テレビボードはないんです。テレビは床に直接置いて下さい」と言いました。そのくらいに、どこの家にもテレビボードはあるものなのでしょう。

当時「近いうちにテレビが地デジ化になる」ということは知っていました。そのため「買い替えの時にはコンパクトなテレビを選ぼう」と計画していたのです。ですからテレビボードを買うつもりは初めからありませんでした。第一、テレビボードとは、大きさの割に収納力も用途も限られます。そのようなものを一度部屋に置いてしまうと、テレビだけを小さくしても意味がありません。

「テレビボードがない」ということに、引っ越し業者さんは、ちょっと驚いたようでした。余計なものを持っていなくて良かったと今でも思います。

シンプルな家具はライフスタイルが変化しても多様な使い方ができて無駄がありません。それに対して一つの用途に限られている家具、例えばテレビボードのような家具は、テレビのサイズを小さくしても家具がその場に鎮座し続けるのです。

086 空っぽの手で移動しない

「物が増えて散らかり放題になってしまう人」と、「いつもスッキリ片付けられる人」とでは何が違うのでしょうか。

それは習慣です。「片付けられる人」は、「その都度すぐに片付ける」が徹底しています。それに対して「散らかり放題になってしまう人」は、「あとで」「そのうち」と、出した物を元に戻す習慣が曖昧なのです。

例えばリビングからキッチンに向かうとします。そのとき、ついでにテーブルの上にある物を持って移動することが習慣になっている場合と、両手が空っぽのまま移動する場合とでは片付き具合が違ってきます。

帰宅して玄関に入ったら、靴をそろえる、しまう、が徹底している場合は玄関のたたきに靴があふれません。ですが靴を脱いだらそれっきりが習慣の場合は、たたきの上は靴だらけになります。コートを脱いだらその場でハンガーにかけて、ブラシをかけておけば、コートはしかるべきところにあります。ところがきちんとハンガーにかけず、ソファの背もたれにかければ、そこに服の吹き溜まりができます。

バッグの中身を整理しつつ、定位置に戻せばバッグは収まっています。けれどもダイニングテーブルのいすの上に放置すれば、バッグが散らかりのひとつになります。

読み終えた雑誌を収納場所に戻せばテーブルの上はスッキリしますが、「また読むから」と置きっぱなしにすれば、明日の朝、物が見つからずに慌てるかもしれません。

つまり、部屋が散らかる、片付く、の分かれ道は「小さい習慣」の積み重ねです。けれどもすでに乱雑になってしまった場合は、「少しずつ」ではいつまでも結果が出ません。

たいていは、物も多いのですから「ちょっとずつ」では効果が実感できません。あげく、当初の決心も薄れ、長い時間がかかります。

「片付けたい」と決心したら、早く結果を出したいですよね？　このような場合は、荒療治が必要です。勢いです。「そんなの無理」と思うかもしれませんが、そんなことはありません。例えば転勤族の人は辞令を受けてわずかな期間に引っ越しを完了させます。期限を決められれば人はできるのです。

断捨離や片付けの順番のコツは、

・処分しにくい物↓処分しやすい物
・大きい物、重い物、かさばる物↓小さい物、軽い物、かさばらない物

です。処分しにくい物とは、たとえば、

・一般ごみには出せない物
・家電リサイクル法対象の物
・人手を借りないと移動できない物
・危険物
・処分費用がかかる物

などです。

初めに、面倒なものを完了させておけば、後は一人で処分や片付けができます。そして処分費用が必要でも、躊躇しないことです。初めにリサイクル店から持って行ってもらえば、ゴミ

処分のために運搬する手間が省《はぶ》けます。

・片付けは勢いよく

・片付いた後のキープはこまめに

がコツです。早く片付けを終わらせれば、本来やりたいことに集中できます。時間をかけ過ぎると、片付け自体が趣味になってしまうことがあります。はじめはハードルが高く感じますが完了した後は「やればできる」と自信が出ます。その自信が「私は片付けができるマメな人」と、自分の評価を高めます。すると他のことにも積極的になれます。

まとめ

簡単に暮らす50のコツ

簡単に暮らす50のコツ

暮らしを難しく考えることはありません。けれども、暮らしは一見多様で複雑に見えます。それは暮らしを断片的にとらえるからです。一見無関係なことも、実はつながりがあります。暮らしを10の項目に分けてコツを紹介します。①衣服、②食事、③住まい、④家事、⑤家計、⑥時間、⑦健康、⑧ネット環境、⑨人間関係、⑩娯楽、の項目です。いずれも私たちに必要なものです。『簡単に暮らせ』（二〇一六年刊）および当書籍『もっと簡単に暮らせ』の中から、特に大切にしたいポイントをまとめました。また、書籍で紹介できなかった項目もあります。

衣服

01 フォーマルウェアは確保する

服を減らすとき、着用頻度が少なくてもフォーマルウェアは確実にスタンバイしておきます。急に慌てて準備すると納得いく用意ができません。決して安くはない買い物ですが、普段の段取り力が現れます。少しずつ用意すれば金銭的な負担はそれほどではありません。

02

サイズの合わない服を手放す

人は生身の生き物ですから、サイズが変わることもあります。大は小を兼ねていても、どう見ても大きすぎる服は手放します。「違和感がある」とわかって着ている服は、それだけで「サイズが合わない」ことを思い出すことになり、精神を消耗します。

03

傷んだ服を手放す

ちょっと毛玉ができたくらいで処分するのは気が引けます。おしゃれの本場、フランスの女性は毛玉のできた服を着ている人が少なくないそうです。確かに本来、そうあるべきです。けれどもここは日本です。周りが傷んだ服に違和感を覚えるのですから、家の外では実行することを避けなくてはならないでしょう。その矛盾は室内の小さな小物で果たすようにします。

04

明らかに流行おくれの服を手放す

少しくらいの流行は無視して構いません。けれども大きな肩パット、ブーツカットは明らかに流行遅れです。どうしても着るならば家の中にします。むやみに流行を追う必要は本来ありません。けれどもあまりに古すぎる流行の服を着て「融通の利かない変わった人」という評価を受けて得することはありません。

05 ライフスタイルに合わない服を手放す

子供の成長や自分の勤務状況などにより、必要な服は変化します。役目が終わった服は数を減らします。ライフスタイルが変わっていませんか。なのに「服はそのまま」になっていないでしょうか。生活の変化に応じて服も変わるのです。

食事

06 プロの作り方を参考にしない

プロが作る調理は参考程度にします。家庭料理と外食の目的は違います。外食は非日常の料理です。プロのやり方が何でも正しいわけではありません。家庭料理は主婦が負担なく何度も繰り返し作れることが必要です。

07

料理のレパートリーを増やし過ぎない

家族が好きな料理は限られています。もちろん栄養のバランスや家計の都合も考えなくてはいけません。料理の種類が増えると、道具や調味料の種類も増えます。調理器具を減らす前に、たまにしか作らないレパートリーをカットします。

08

家族が好きなメニューを作る

「今日のメニューは何にしよう」といつも献立に悩んでいませんか？　メニューを考える前に家族が好きな料理をどのくらい作っていますか？　献立に迷ったら家族が喜ぶメニューにすればよいのです。

09

食材はまとめて下ごしらえをする

献立に合わせて食材をその都度カットするよりも、数日分をまとめる方が簡単です。例えば玉ねぎ3個を買ったなら、今日使うのは1個でも3個全部カットします。キャベツも1個まるごとカットします。すると手間と水道代も節約できます。

10

汁物を活用する

例えばどこにも出かけない日の休日。家族全員が3食とも自宅で食事をするとき、その都度料理を作っては疲れます。そこで一日分の汁もののメニューを作っておきます。目安は豚汁のようなものです。もちろん、具材も味もアレンジして構いません。汁物のほかはプラスアルファで済むので手間が減ります。

住まい

11

収納ボックスを活用しない

「これ以上、減らせない！」と確定した後でなければ、収納ボックスを買ってはいけません。どうしても収納ボックスがないと不便な数だけにします。片付けは収納ボックスを買って詰め込むものだと勘違いしている人はまだまだ多いようです。テレビ通販などの影響かもしれません。

12

洋服ハンガーはそろえる

「洋服ハンガーをわざわざ買うなんてもったいない」と思うかもしれませんが、服を十分に減らした後ならハンガーをそろえる方が断然片付きます。種類が違うといちいち「このハンガーにはこの服」と考えなくてはいけません。ハンガーは服を厳選するモチベーションにもなります。

13

粗大ごみを小まめに出す

粗大ごみは1個でもその都度処分する癖を付けます。サイズを確認して行政の粗大ごみ受付に電話をするだけです。このほかゴミ処理場に直接持ち込む方法もありますが、事前に電話で確認しておきます。

14

家電は小型を使う

最近の家電は大きさの割に割安な製品があります。そのため、「どうせなら、大きい方を買おう」という意識に向きがちです。けれども大きい家電は場所を取ります。家電は数年間使う物です。ですから、いっときの割安感ではなく、フットワークよく使える、適切なサイズを選ぶ方が暮らしやすくなります。

15

兼用できるものを選ぶ

例えばボウルが足りなければ丼や鍋で代用できます。傘の色は黒やネイビーのシンプルデザインであれば男女関係なく家族全員で共有できます。用途別にそれ専用の物を買うのではなく、兼用することで無理なく物を減らすことができます。物を買う時には代用できるものはないか？　と考えてからにします。

家事

16

週に一度は優先順位の「低い」家事を先にする

普段は優先順位の高い順に家事をします。けれども、それを繰り返すと、サッシの「さん」、ふろのカビ取りなどがどんどん後回しになります。週に一度くらいは、あえて優先順位の低い家事を先にします。すると「いつかやらなくちゃ」と思う家事が解消します。

17

入浴、シャワーのタイミングを考えて家事をする

シャワーと家事のタイミングはセットで行います。「掃除の直後にシャワー」なら効率的

ですが、「シャワーの直後に掃除」では段取りが良くありません。

18

タオルは同じ素材の物に統一する

タオルは可能な限り同じ素材、サイズにすると無駄がありません。種類とサイズが多くなるほど用途別に「どのタオルを使うか」と考える手間が増えます。また洗濯後の乾き具合に差が出ます。同じサイズと厚みにそろえれば、それらの判断が不要です。その分、家事のフットワークが良くなります。

19

ストックは数と期間を意識する

日常と災害用のストックは、数と保管期間を検討します。不安要素を考えればきりがありません。そうかと言って、「コンビニが倉庫代わり」では心もとなさすぎます。3日分、1週間分などストックの目安を決めて過不足のないようにします。

20

苦手な家事を克服しようとしない

誰しも苦手な家事はあります。無理に克服しないで合理的にカバーする方法を検討します。苦手でも時間をかければできることもあります。例えばアイロンがけが苦手なら、アイロンスムーサーなどを使ったり、クリーニングに出したり、しわのできる服を極力買わないなど工夫できます。

21 ＡＴＭに行く回数を減らす

ひと月に使えるお金は決まっています。計画を立てて一定期間に必要なお金はまとめて引き出す方が節約になります。そうすれば、ひと月にいくら使っているか把握しやすくなります。お金が無くなる都度、ちょこちょこＡＴＭに行くと時間の無駄でもあり、「勘違いの打ち出の小槌」状態になってしまいます。

22 クレジットカード、ポイントカードの枚数を減らす

クレジットカードとポイントカードの枚数は減らす方が節約できます。一般にクレジットカードは多くても2枚あれば事足ります。使い分けのポイントはＶＩＳＡ系を1枚とＪＣＢ系を1枚の合計2枚です。海外に行く機会が多ければ、多少の年会費を払っても

旅行時の保険やラウンジを無料で利用できるカードを作る方がお得です。

23 財布に入れるお金の金種を決める

財布に入れる金額と金種を決めておきます。毎日帰宅したら、財布の中身を全部出します。次に翌日に備えて決まった金種と金額を財布に入れます。お札と小銭を入れる場所は決めておきます。入っている金額が決まっているとレジでもたつきません。

24 キャベツが100円高くても買う

基本の野菜は高くても買ったほうが節約になります。例えばキャベツがいつもより100円高くても買って、いつも通りの献立にする方が結局は割安です。定番メニューをはずれると、味が変わり、別の調味料や調理法が必要になります。冷静に考えれば実際の価格差は100円か200円程度が多いのです。

25 日用品の定番を決めておく

洗剤やシャンプーリンスなどは定番品を決めた方が節約になります。その都度セール品を選んでいると、「セール」にあおられ、過剰に買いだめをしがちです。価格に関係なく定番品を淡々と買えば、高い値段で買う時期もありますが、低い金額で買える時期もあります。平均すれば妥当な金額であることが多いのです。

時間

26

用事はまとめる

用事はできるだけまとめます。そうすると無駄に家の出入りを何度もしなくて済みます。どうしても用事が多すぎると感じるのであれば、何かをやめる勇気も必要です。銀行の窓口ではなくネットバンキング、ペイジー払い（コンビニ支払いも可能）などの活用で決済のための外出はかなり減らせます。

27

通販とネットスーパーを活用する

信頼のおける店は、通販やネットスーパーでも品質に違いはありません。出かける手間、袋に詰める手間、家に運ぶ手間を省けます。ただし不要不急の注文は控え、計画的に利用しましょう。

28

時計をすぐ見えるところに置く、腕時計を身に着ける

「スマホがあるから時計はいらない」と思うかもしれませんが、「すぐに時間を見られて」判断ができれば無駄がありません。腕時計を身に着け、室内の要所に時計を置くと、こまめに時間管理ができます。

29

週間天気予報を確認する

「大事な予定を入れたら大雨」とならないように、1週間くらい先までの天気をざっくり把握しておきます。外出の予定のほか、洗濯の予定をたてやすくなります。今日は晴れていても翌日が雨の日と、2日連続晴れの日とでは、後者の方が洗濯に適しています。こうしたことも週単位の天気予報が役に立ちます。

30

タイマーを活用する

家事には「忘れる」ことがつきものです。調理の時間だけではなく、漂白剤の漬け置き、排水溝のパイプ掃除の漬け置きなどです。また、「20分だけ休憩」のつもりが、「気が付くと2時間経過」なんてことがあります。そうならないように、タイマーを活用します。

31 体重を毎日はかる

体重を毎日はかれば、急に太る前に気が付くことができます。数キロ太った体重を戻すのは大変です。でも、1キロくらいなら、すぐ戻すことが可能です。体重の増加は単に見た目の問題以外に内臓疾患や血管系の疾患につながっていることもあります。体重を増やさないことで身体が軽くフットワークよく生活できます。

32 歯のケア用品を減らさない

物を減らしても歯のケア用品は減らしません。歯の手入れは日々の積みかさねです。1日ずつ、丁寧に汚れを落とすことを心がけます。最近は隅々の汚れを落とすのに最適な道具が市販されています。歯のケア用品はかさばるものではないので、減らさないようにします。

33 最新の健康情報を入手する

健康の常識は時の経過とともに180度変わることがあります。そのため常に新しい情報を取り入れるように心がけます。書店に定期的に行けば自然と最新の健康関連本が目に入ります。「これは今までと違う概念を書いているな」と感じたら購入して読みます。

34 基本の薬と体温計を用意しておく

定番の薬を用意しておきます。風邪薬、胃腸薬などです。また短時間で計測できる体温計を用意しておきます。予め用意しておけば安い価格で買うことが可能です。夜間でも見やすいように数字の表示が大きいものが便利です。

35 テレビのグルメ番組を観ない

特に食事時はグルメ番組を観ないようにします。食事の時間帯にはしばしばグルメ番組が放送されています。せっかく作った料理もグルメ番組の料理の前にはみすぼらしく映ります。ありがたく食べるためにも、「物足りない」と感じないように、いっそテレビは消してしまいましょう。

36 SNSにのめりこまない

SNSは便利ですが、依存すると使われる側になります。SNSも結局はリアルな人間関係と同じです。初めから、さらりと浅く利用するのがコツです。はじめにしっかり使い込んでしまってから、あとであっさりした使い方にすると、相手に「私、何かした？」と余計な気苦労を負わせてしまいます。

37 ネットサーフィンをする時間を決める

インターネットは便利ですが、何となく使っていると多大な時間を消費します。利用する際は、できるだけ一次情報を選択することです。けれども何となく閲覧する情報は信憑性が不明です。どうしてもやめられないならタイマーをセットするか、パソコンやスマホを使わない日を定期的に設けます。

38

使わないアカウントを退会する

使わないもの、利用頻度の少ないものはアカウントを削除します。中にはネット上だけで削除できないところがあります。電話やメールをしなければ退会できないものもあります。削除が簡単にできないのは解約させないためです。億劫がらずに電話やメールが必要なら手続きをしましょう。

39

Google アラート、RSSリーダーを活用する

情報を自分でその都度探しに行っていたのでは時間がいくらあっても足りません。そこでいつも見ている情報は Google アラートやRSSリーダーに登録をして、更新情報を知らせてもらうようにします。情報は自分で探しに行くばかりではなく向こうから知らせるシステムを作っておくと便利です。

40

新しい物はとりあえず使ってみる

新しい製品、ソフト、システムなど。デジタル関連物やネット上のシステムは日々、新しい物が登場しています。少し前であれば「家電の最新式は高いからもう少し待つ」ことが賢い消費者であるとされていました。けれども今は変化のサイクルが早いのです。「まず

は使ってみる」ことで機会を逃さないことも重要です。

41 年賀状は無理に断捨離しない

毎年「年賀状を出すか、出さないか」と迷う方が無駄です。特に年配の方がいる場合はなおさらです。楽しみにしている人もいます。年賀状を出さずに関係がぎくしゃくする可能性はありますが、出してギクシャクすることはありません。いっそ「割り切って出す」ことで迷わずにいられます。

42 「仲よくしよう」と気負わない

初めからあっさりとした付き合いをしていれば、人はあまり気にしません。ところが最初は親しくしていたのに、ある時期から距離を置くことは難しいものです。「どうしたんだろう?」と余計な勘繰りを入れられます。もう、女子中学生ではないのですから、堂々と個人で行動すれば良いのです。

43

群れない

年齢がかさむほどに、二人以上で行動すると悪目立ちしやすくなります。若い時には若々しいフレッシュな雰囲気が倍増します。そして年を重ねると、その雰囲気も倍増するのです。単独の時には常識的な人も、二人以上で行動すると途端に図々しく傍若無人になりがちです。群れずに行動することに慣れましょう。

44

子供の人格を認める

個人の主張と「幼いが故の単なるワガママ」の見極めを混乱しないようにします。親が「子供のため」といいながら、実態は「親の老後の安定のため」になってはいけません。子供がどんな進路を望もうと、成人以後は本人の自己責任です。助言を求められればアドバイスはしますが、親が口を出すのは未成年の時までです。

45

期待しない

身近な人、特に家族などに対して不満を抱くのは、自分勝手な期待があるからです。相手は自分の理想と期待を満足させるために存在しているのではありません。「しょせん、家族でも自分ではない」と認識します。腹が立つのは自分勝手な期待をするからです。独断で期待する気持ちを捨てましょう。

娯楽

46 知識を増やす

お金をかけず、ちょっとしたことでも「楽しい」「嬉しい」と感じるために有効なのは知識を増やすことです。一度蓄《たくわ》えた知識は誰にもとられません。持ち運ぶ必要もありません。「楽しみ」とは何かを目にしたとき、いかに多様な世界観に気が付けるかにかかっています。

47 流行に乗る、乗らない

実は洋服などは流行を早く取り入れる方が簡単でコストがかかりません。「流行おくれではないだろうか」と不安になることもなく、たくさん出回っているので低コストで済みます。反対に頑として流行を気にしない選択肢があります。どちらを選ぶかは自分次第です。半端が一番よくありません。

48 ひとりでもできる趣味を持つ

相手や仲間が必要な趣味は、単独で思い立った時に行うことができません。複数の人物が必要な趣味は、集まれば必ず飲食などが伴います。その点、単独で可能な趣味であれば、いつでも思い立った時に自由にできます。

49 「何と思われるか」と気にしない

迷惑をかけているのではない限り「こんな趣味は、ダサイと思われるのではないか？」などと気にする必要はありません。趣味にも流行があります。今誰も注目をしていなくても、月日が巡り、今はマイナーな趣味が日の目を見ることもあります。

50 「今さら遅い」と思わない

体力を伴う趣味以外は何かを始めるのに「遅い」ことはありません。40歳の人でも10年続ければかなり上達します。その時には50歳です。今50歳の人の10年後は60歳です。今60歳なら10年後は70歳。今から10年前を振り返ってみれば、それほど昔である感じがしないでしょう。

ちゃくま

40代後半の主婦。夫と大学生の息子との三人家族。2008年よりブログを書き始め、2013年12月に現ブログの元となる旧ブログを開始し、2015年1月に改めて現在のブログ「簡単に暮らせ」を始動、月間PV50万の人気ブログに。趣味は書店でジャンルを問わず、ピンとくる本を探すこと。チーズ、ナスが好きで、ホットミルクが苦手。独自の座右の銘は、「迷った時は縄文人に聞け」(迷ったときは、原点に返る)。著書に『簡単に暮らせ』(大和書房)がある。

http://kurase.com/

もっと簡《かん》単《たん》に暮《く》らせ

2017年 8 月 1 日　第1刷発行
2017年12月10日　第5刷発行

著　者　ちゃくま
発行者　佐藤 靖
発行所　大和書房《だいわ》
東京都文京区関口1－33－4
電話　03-3203-4511
イラスト　ナカイミナ
ブックデザイン　小口翔平＋喜來詩織(tobufune)
本文印刷　信毎書籍印刷
カバー印刷　歩プロセス
製　本　ナショナル製本

ISBN978-4-479-78395-4

http://www.daiwashobo.co.jp